Dennis Gressel

33 Ideen Digitale Medien Latein

step-by-step erklärt, einfach umgesetzt – das kann jeder!

Gedruckt auf umweltbewusst gefertigtem, chlorfrei gebleichtem und alterungsbeständigem Papier.

1. Auflage 2019
© 2019 Auer Verlag, Augsburg
AAP Lehrerwelt GmbH
Alle Rechte vorbehalten.

Das Werk als Ganzes sowie in seinen Teilen unterliegt dem deutschen Urheberrecht. Der Erwerber des Werks ist berechtigt, das Werk als Ganzes oder in seinen Teilen für den eigenen Gebrauch und den Einsatz im Unterricht zu nutzen. Die Nutzung ist nur für den genannten Zweck gestattet, nicht jedoch für einen weiteren kommerziellen Gebrauch, für die Weiterleitung an Dritte oder für die Veröffentlichung im Internet oder in Intranets. Eine über den genannten Zweck hinausgehende Nutzung bedarf in jedem Fall der vorherigen schriftlichen Zustimmung des Verlags.

Sind Internetadressen in diesem Werk angegeben, wurden diese vom Verlag sorgfältig geprüft. Da wir auf die externen Seiten weder inhaltliche noch gestalterische Einflussmöglichkeiten haben, können wir nicht garantieren, dass die Inhalte zu einem späteren Zeitpunkt noch dieselben sind wie zum Zeitpunkt der Drucklegung. Der Auer Verlag übernimmt deshalb keine Gewähr für die Aktualität und den Inhalt dieser Internetseiten oder solcher, die mit ihnen verlinkt sind, und schließt jegliche Haftung aus.

Covergestaltung: annette forsch konzeption und design, Berlin
Illustrationen: Stefan Lohr
Satz: Fotosatz H. Buck, Kumhausen
Druck und Bindung: Korrekt Nyomdaipari Kft
ISBN 978-3-403-08295-8

www.auer-verlag.de

Inhaltsverzeichnis

Einleitung 4

Ideensammlung

1. Antike Texte bearbeiten und kreativ umsetzen
- 1.1 Stop-Motion-Filme erstellen 6
- 1.2 Comics/Fotoromane erstellen 8
- 1.3 Lateinische Texte vertonen 10
- 1.4 Übersetzungen bewerten 12
- 1.5 Eigene Textausgaben erstellen 14
- 1.6 Eigene Hörspiele erstellen 16
- 1.7 Texte digital erschließen 18
- 1.8 Texte gestalten 20

2. Antike Kultur erfahrbar machen
- 2.1 Einen virtuellen Stadtrundgang erstellen 22
- 2.2 3D-Objekte und Bilder erfahrbar machen 24
- 2.3 Biografien erstellen 26
- 2.4 Rezeptionsdokumente analysieren 28
- 2.5 Exkursionen vorbereiten 30
- 2.6 Digitale Karten nutzen 32
- 2.7 Einen virtuellen Museumsrundgang erstellen 34
- 2.8 Antike Inhalte in Filmen bewerten 36
- 2.9 Internetvideos nutzen und erstellen 38
- 2.10 Lexikoneinträge (Wikis) verfassen 40
- 2.11 Online recherchieren 42

3. Wortschatz und Grammatik visualisieren
- 3.1 Interaktive Übungen erstellen und bearbeiten 44
- 3.2 Lernvideos nutzen 46
- 3.3 Lernvideos erstellen 48
- 3.4 Strukturskizzen erstellen 50
- 3.5 Rondogramme erstellen 52
- 3.6 Online-Wörterbücher bzw. Wörterbuch-Apps nutzen 54
- 3.7 Word Clouds erstellen 56
- 3.8 Digitale Lernplakate gestalten 58
- 3.9 Das Whiteboard für die Wortschatzarbeit nutzen 60
- 3.10 QR-Codes® für die Wortschatz- oder Grammatikarbeit nutzen .. 62
- 3.11 Digitale Lernspiele erstellen 64

4. Digitale Unterrichtsprojekte realisieren
- 4.1 Projekte mit Slack® organisieren 66
- 4.2 Unterrichtsprojekte organisieren 68
- 4.3 Inverted Classroom 70

Glossar 72

Einleitung

Digitale Medien im Lateinunterricht

Die digitalen Medien halten Einzug in den Unterricht, dem kann und sollte man sich nicht entziehen. Dafür ist es natürlich notwendig, dass in den Schulen die entsprechenden Voraussetzungen geschaffen werden. Das beginnt mit der Einrichtung stabiler und zuverlässiger WLAN-Netzwerke und damit verbunden deren Wartung und Pflege. In ähnlicher Weise sollte mit den Geräten umgegangen werden, unabhängig davon, ob es sich um Desktop-Computer oder mobile Endgeräte, wie Tablets, handelt. Die hier vorgestellten Ideen sind zumeist so konzipiert, dass sie sowohl am Computer als auch mit einem Tablet umgesetzt werden können.
Ohne die Bereitschaft des Lehrers[1], sich auf neue Wege zu begeben, funktioniert diese Ideensammlung nicht. Er muss offen sein, Dinge auszuprobieren und den Schülern ein gewisses Vertrauen entgegenzubringen. Die Ideensammlung soll die Schüler motivieren, ihre Eigenschaft als Digital Natives in die Schule einzubringen und die Vorteile der neuen Technologien sinnvoll einzusetzen. Neben der **Handlungsorientierung** soll vor allem das **kooperative Lernen** unter den Schülern gestärkt werden. So sind fast alle Ideen des Bandes für Partner- bzw. Gruppenarbeit konzipiert. Darüber hinaus sind viele Ideen auf eine **Produktorientierung** ausgelegt. Die Schüler sollen damit auch mit den aktuellen, wichtigen Themen Urheberrecht und Datenschutz vertraut gemacht werden. Der Umgang mit den eben genannten Bereichen und auch ein sensibler Umgang mit den Informationen, die im Internet angeboten werden, tragen zudem zur Förderung der Medienbildung von Schülern bei. Zu guter Letzt soll mit der Ideensammlung natürlich die **Kreativität** der Schüler aktiviert werden. Dafür ist ein Großteil der Unterrichtsideen sehr offen angelegt und bietet zahlreiche alternative Ansätze, um den individuellen Neigungen jedes Schülers gerecht zu werden.
Auch wenn sich der Lateinunterricht in erster Linie mit der Antike befasst, können verschiedene moderne Methoden dazu genutzt werden, um die Alten Sprachen wieder attraktiver für unsere Schüler zu machen.

Aufbau des Bandes

Der Band umfasst 33 Unterrichtsideen für den Lateinunterricht, die alle ausschließlich für den Umgang mit digitalen Medien ausgelegt sind. Die Ideen wurden praktisch erprobt und zum Teil mehrfach im Unterricht durchgeführt.
Die Ideen werden jeweils auf einer Doppelseite übersichtlich und verständlich dargestellt. Sie werden allgemein beschrieben (**Beschreibung**) und anschließend an einem oder zwei konkreten Beispielen ausgeführt (**Ablauf und Methode an einem konkreten Beispiel**). Diese Beispiele nehmen zum Teil klassische Inhalte des Lateinunterrichts auf, beziehen sich aber auch teilweise auf bestimmte Lehrbücher. Jedoch sind die Ideen so angelegt, dass sie auch problemlos auf andere Lehrwerke oder Autoren übertragen werden können. Grundsätzlich gilt für alle Ideen, dass sie exemplarisch zu verstehen sind. Sie können je nach Unterrichtsgeschehen und gerätetechnischen Voraussetzungen angepasst und verändert werden.
In der Kopfzeile jeder Doppelseite findet sich ein Hinweis, für welche Klassen- bzw. Altersstufe die jeweilige Idee gedacht ist.
Ebenso finden sich Hinweise, welche technischen Voraussetzungen für die jeweilige Unterrichtsidee notwendig sind (**Benötigte Materialien und technische Voraussetzungen**). Diese sind so einfach wie möglich gehalten, da nur die wenigsten Schulen mit genügend Laptops oder Tablets für jeden Schüler ausgestattet sind. Die meisten Ideen funktionieren in einem Computerraum, über den wohl fast jede Schule verfügt. Für einige Ideen sind eine spezielle Software oder eine entsprechende App nötig. Diese Informationen findet man ebenfalls unter dieser Rubrik. Immer mal wieder soll auch das Smartphone zum Einsatz kommen, das die Schüler zumeist sowieso in der Schule dabeihaben. Hier geht es vor allem um den Gebrauch der Kamera, auch als Scanfunktion von QR-Codes®. Ob Smart-

---

[1] Aufgrund der besseren Lesbarkeit ist in diesem Buch mit Lehrer immer auch die Lehrerin gemeint; ebenso verhält es sich bei Schüler und Schülerin etc.

Einleitung

phones im Unterricht eingesetzt werden können, hängt natürlich von den Regularien der jeweiligen Schule ab.

Die 33 Unterrichtsideen sind verschiedenen Kompetenzbereichen zugeordnet, die zwar bewusst nicht unmittelbar an die Kompetenzbereiche einzelner Bildungspläne angepasst sind, jedoch die klassischen Arbeitsbereiche des Lateinunterrichts (Wortschatz, Grammatik, Texte und Literatur, Antike Kultur) abdecken. Sie dienen lediglich dazu, den praktischen Umgang mit den einzelnen Ideen zu vereinfachen. Die Kompetenzbereiche in diesem Band sind folgende:

- Antike Texte bearbeiten und kreativ umsetzen
- Antike Kultur erfahrbar machen
- Wortschatz und Grammatik visualisieren
- Digitale Unterrichtsprojekte realisieren

Jede Unterrichtsidee kann einer oder mehreren Unterrichtsphasen zugeordnet werden. Folgende Phasen werden für die Ideen ausgewiesen:

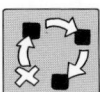

- Einstieg
- Erarbeitung
- Ergebnissicherung
- Vertiefung
- Wiederholung
- Übung
- Anwendung
- Projekt

Eine weitere Rubrik befasst sich mit möglichen auftretenden Problemen und gibt Tipps für den Umgang mit eben diesen (**Mögliche Fallstricke und Tipps**). Darüber hinaus finden sich noch weiter ausdifferenzierte Variationsmöglichkeiten für jede Unterrichtsidee.

Um die Unterrichtsideen möglichst allen Beteiligten zugänglich zu machen, ist bei den meisten Beispielen eine analoge Variante beigefügt (**Analoge Alternative**). Diese Rubrik ist in erster Linie für die Kollegen ausgelegt, die an Schulen mit unzureichender digitaler Ausstattung arbeiten.

Den Abschluss jeder Idee bilden Hinweise auf weiterführendes Material, Umsetzungsbeispiele und zusätzliche Informationen (**Beispiele und Infoseiten**). Diese Hinweise sind über einen QR-Code® schnell abrufbar. Für die Nutzung des QR-Codes® wird ein Smartphone oder Tablet mit einer vorinstallierten App zur Erkennung der Codes benötigt. Teilweise ist diese Funktion schon in die Kamera von Smartphones und Tablets der neuesten Generation integriert.

Ausblick

Auch wenn es heutzutage noch viele Bedenkenträger beim Thema Digitale Medien gibt, müssen wir uns der Realität stellen, dass die Digitalisierung Einzug in den Schulen halten wird. Vielfach sind schon jetzt in den meisten Schulen Beamer und Whiteboards Standard in den Klassenzimmern, genutzt werden sie aber noch zu wenig. Es sollte in den kommenden Jahren versucht werden, die Vorteile von digitalen Medien mehr und mehr zu nutzen. Wie der Band hoffentlich zeigen kann, ist dazu kein abgeschlossenes Informatikstudium notwendig.

1.1 Stop-Motion-Filme erstellen

Klasse 7–12

 6–8 Unterrichtsstunden

 Vertiefung / Projekt

 Antike Texte bearbeiten und kreativ umsetzen

Beschreibung

⇨ Stop-Motion-Filme sind kurze Videos, die man mit entsprechenden Apps und ein wenig Kreativität relativ leicht herstellen kann. Selbst mit einer Smartphone-Kamera und einigen Spielfiguren lassen sich eindrucksvolle Videos drehen. Grundlage für einen Stop-Motion-Film sollte in der Regel ein lateinischer Text sein, sei es das Original oder ein Text aus dem Lehrbuch. Die Video-Apps Stop Motion Studio und iMotion® HD bieten jeweils eine bedienerfreundliche Oberfläche, die es den Schülern ermöglicht, intuitiv ans Werk zu gehen. Bei beiden Apps muss man mit eigenen Figuren bzw. Schauspielern agieren. Mit den Spielfiguren kann die Handlung nachvollzogen werden. Zusätzlich können Kommentare, Dialoge und Hintergrundmusik ergänzt werden.

Benötigte Materialien und technische Voraussetzungen

- Tablet oder Smartphone pro Kleingruppe
- Selfie-Stick oder Stativ
- Spielfiguren

Ablauf und Methode an einem konkreten Beispiel

- In den letzten Stunden wurde mit den Schülern am Text „Daedalus und Ikarus" aus Ovids Metamorphosen (*met.* VIII 183–235) gearbeitet und der Handlungsablauf geklärt.
- In Kleingruppen sollen die Schüler nun ein ⇨ Storyboard erarbeiten, wie sie die Geschichte in einem Stop-Motion-Video umsetzen und mit welcher App sie arbeiten wollen.
- Alternativ kann man die gesamte Geschichte in einzelne Szenen / Episoden unterteilen und diese arbeitsteilig erarbeiten lassen. Am Ende wird alles zu einem Film zusammengefügt.
- Optional kann es sinnvoll sein, einen passenden Hintergrund (z. B. den Palast von Knossos) anzufertigen oder sogar noch einen Schritt weiterzugehen und mit einem sogenannten ⇨ Greenscreen zu arbeiten. Entsprechende Apps, z. B. Green Screen by Do Ink (*https://de.videezy.com*), erlauben es, eigene Hintergründe zu integrieren. Dies können auch bewegte Hintergründe sein. Für den Mythos von Daedalus und Ikarus könnte man hier z. B. an einen Hintergrund mit vorbeiziehenden Wolken oder Luftaufnahmen von einem Meer denken.
Beispiel Hintergrund mit vorbeiziehenden Wolken:
https://de.videezy.com/wolken/11787-zeitspanne-von-gro-en-gruppen-altocumulus-bew-lkt-sich-bewegliches-slowl-auf-blauem-himmel-mit-aufflackern-in-4k [1]
Beispiel Luftaufnahmen von einem Meer:
https://de.videezy.com/natur/13366-zeitspanne-von-wolken-und-von-wellen-die-sich-schnell-in-strandlandschaft-in-4k-bewegen [2]
- Anschließend gestalten die Schüler eine Art „Set" und positionieren die Figuren so, wie sie es in ihrer Storyline geplant hatten.
- Die Figuren werden nun Szene für Szene weiterbewegt, dass am Ende ein bewegtes Bild, ein Film, entsteht.
- In der Nachbearbeitung können Kommentare, Geräusche oder Musik hinzugefügt werden.

Mögliche Fallstricke und Tipps

- Je nach Größe der Klasse kann es sinnvoll sein, die einzelnen Kleingruppen auf verschiedene Räume zu verteilen, um eine ruhige Arbeitsatmosphäre zu gewährleisten.
- Es wird nicht ganz einfach sein, die Kreativität der Schüler einzugrenzen und den Zeitplan einzuhalten – gerade wenn man den Weg geht, unterschiedliche Szenen zu einer Geschichte zusammenzufügen.
- Als Vorbereitung auf das Projekt wäre es sinnvoll, eigene Erfahrungen der Schüler im Bereich Stop-Motion einzubauen bzw. die Klasse mit gelungenen Stop-Motion-Videos aus verschiedenen Bereichen vertraut zu machen.

Analoge Alternative

Analog lässt sich diese Idee nur schwer umsetzen. Eine Möglichkeit wäre, die einzelnen Szenen als Frames oder Diorama darzustellen. Ebenso wäre eine szenische Darstellung als kurzes Theaterstück denkbar.

Beispiele

- Stop-Motion-Video zu Ovids Pygmalion:
  https://www.youtube.com/watch?v=c72CZd0WILQ　　　　　3
- FK-Films (Stop-Motion-Videos mit Lego®-Figuren):
  https://www.youtube.com/channel/UCdk5Rgx0GXlpSqKrWuf-TKA　　4

1　　2　　3　　4

1.2 Comics/Fotoromane erstellen

Klasse 5–13

 4–6 Unterrichtsstunden

 Vertiefung / Projekt

 Antike Texte bearbeiten und kreativ umsetzen

Beschreibung

Für den kreativen Umgang mit antiken Texten bietet es sich an, diese in anderer differenzierter Form aufarbeiten zu lassen. Die Schüler erstellen zu einem schon bearbeiteten Text einen Comicstrip, den sie mit digitalen (oder analogen) Hilfsmitteln selbst gezeichnet und mit kleinen Texten versehen haben. Alternativ lässt sich diese Methode auch für einen Fotoroman mit selbst geschossenen Bildern anwenden. Des Weiteren können die Schüler auch digitalisierte Bildquellen aus dem Internet verwenden.

Benötigte Materialien und technische Voraussetzungen

- Tablet / Smartphone oder Computer pro Kleingruppe mit vorinstallierter App, z. B. Clip2Comic (iOS®), bzw. Programm, z. B. Pixton oder Canva®
- eigene Fotos oder Fotos aus Internet-Bildquellen, z. B. Wikimedia Commons®, Flickr®, Pixabay

Ablauf und Methode an einem konkreten Beispiel

Beispiel 1:
- Setting: Die Klasse hat einen Lehrbuchtext zu Odysseus' Abenteuern bearbeitet, z. B. die Episode um den Zyklopen Polyphem.
- Vorbereitung: Der Lehrer hat mit der Klasse den Lehrbuchtext erschlossen, übersetzt und interpretiert.
- Die Geschichte wird von den Schülern in einzelne Szenen unterteilt und ein grober Skizzenplan mit entsprechenden Sprech- bzw. Gedankenblasen wird erstellt.
- Nachdem die Kleingruppe sich auf einen Entwurf geeinigt hat, geht sie nun in die Feinplanung und gestaltet passende Zeichnungen bzw. sucht sich passende Fotomotive.
- Mit einer App oder einem Browserprogramm können die Schüler nun ihre eigenen Zeichnungen / Fotos in das Comic integrieren oder aus Vorlagen (z. B. im Programm Canva®) auswählen.
- Bei der Gestaltung der Sprechblasen ist man als Lehrer frei, wie man vorgeht. Tatsächlich wäre es auch möglich, leistungsstärkeren Schülern die Aufgabe zu geben, Beiträge auf Lateinisch zu verfassen.
- Das Ergebnis kann entweder über die Schul- bzw. Klassenhomepage oder auch mit einem Ausdruck präsentiert werden. Bei letzterem könnte man alle Ergebnisse der Klasse zu einem Odysseus-Comic zusammenfassen.

Beispiel 2:
- Setting: Die Lerngruppe hat sich in der vergangenen Unterrichtseinheit mit dem vierten Buch von Vergils *Aeneis* und somit mit der Beziehung zwischen Dido und Aeneas beschäftigt.
- Die Aufgabe besteht nun darin, alle wichtigen Szenen und Facetten dieser außergewöhnlichen Beziehung zu exzerpieren und eine Szenenauswahl vorzubereiten.
- Hat man sich auf eine Szenenauswahl geeinigt, müssen die Rollen und Kulissen festgelegt werden. Anschließend werden passende Fotomotive ausgewählt.
- Bei der Erstellung der Fotos sollte auf das entsprechende Ambiente (Licht, Hintergrund, Kulisse) geachtet werden.

- Nach einer digitalen Überarbeitung der Fotos können diese nun in eine Comic-App eingespielt und mit gewünschten Filtern bearbeitet werden.
- Eine weitere Gruppe beschäftigt sich in der Zwischenzeit mit den Texten. Hierbei wäre es denkbar, rein lateinisch, rein deutsch oder mit einer Mischform (Zwischentexte deutsch, Sprechblasen lateinisch) zu arbeiten. Je nach Szene könnten sogar Zitate aus der *Aeneis* eingesetzt werden.
- Alle so entstandenen Comics könnten zu einem gedruckten Heft oder einem E-Book zusammengefasst werden, um die Ergebnisse der Arbeit auch anderen zugänglich zu machen.

Mögliche Fallstricke und Tipps

- Auch wenn die meisten Comic-Apps intuitiv zu bedienen sind, kann die Einarbeitung in die Apps oder auch die Installation der Programme einige Zeit in Anspruch nehmen.
- Schüler neigen häufiger dazu, sich bei einer kreativen Arbeit zu verzetteln, da einfach zu viele Möglichkeiten zur Verfügung stehen. Die Vorgaben sollten deshalb so genau und präzise wie möglich sein, um zum vorgegebenen Zeitpunkt auch ein Ergebnis zu haben.

Analoge Alternative

- Setting: Piratenüberfall aus dem Lehrbuch
- Nach Abschluss der Lektion wird der Inhalt rekapituliert und einzelne Szenen werden herausgearbeitet.
- In Kleingruppen wählen die Schüler entsprechende Szenen aus und fügen sie zu einer Geschichte zusammen.
- Die Gruppe erstellt nun eine Skizze der einzelnen Szene und integriert einen entsprechenden Text (Sprech- bzw. Gedankenblasen, Überleitungen) auf Deutsch oder Latein.
- Anschließend erstellt sie arbeitsteilig oder zusammen Zeichnungen der Szenen. Vorher wird ein bestimmtes Format festgelegt, um am Ende die Szenen besser zusammenfügen zu können.
- Die Sprech- bzw. Gedankenblasen können entweder direkt in die Zeichnung integriert oder separat gestaltet und aufgeklebt werden.

Beispiel und Infoseite

- Fotoroman zum Urteil des Paris:
  http://www.rhein-gymnasium-sinzig.de/latein/index_htm_files/fotoroman_das_urteil_des_paris.pdf
- Infoseite mit Hilfen zur Erstellung von Comics:
  http://www.123comics.net

1.3 Lateinische Texte vertonen

Klasse 6–13

 4–6 Unterrichtsstunden

 Vertiefung / Projekt

 Antike Texte bearbeiten und kreativ umsetzen

Beschreibung

Das Desktop-Programm Audacity® (*https://www.audacityteam.org*) bietet mit relativ einfachen Mitteln den Schülern die Möglichkeit, lateinische Texte zu vertonen. So lassen sich z. B. Dialoge, aber auch metrische Texte kreativ be- bzw. umarbeiten. Das Programm bietet mit relativ einfachen Mitteln zahlreiche Möglichkeiten. Zusätzlich zum Aufnehmen eigener Audioinhalte können die Texte auch musikalisch untermalt oder mit entsprechenden Geräuschen bzw. Soundeffekten versehen werden.

Benötigte Materialien und technische Voraussetzungen

- Lame-Datei zum Speichern und Exportieren von MP3-Dateien
  Download z. B. hier:
  http://www.chip.de/downloads/c1_downloads_auswahl_15807927.html?t=1527796777&v=3600&s=1dd56126cd8b84bba41d674c12375077
- Computer oder Tablet mit Internetzugang pro Schülerpaar
- Datenbanken für Hintergrundgeräusche, z. B. *https://salamisound.de*

Ablauf und Methode an einem konkreten Beispiel

- Setting: Vergil, Aeneis Buch IV – Gespräch zwischen Dido und Aeneas. Die Texte wurden in den vorangegangenen Stunden mit den Schülern analysiert, eventuell übersetzt und ausführlich interpretiert.
- Vorbereitung: Der Lehrer stellt den Schülern auf einem für alle zugänglichen Laufwerk (Tauschlaufwerk) oder einer Lernplattform mehrere Texte zur Verfügung. Jeder Text sollte nicht mehr als 20 Verse haben.
- Nach einer kurzen Vorstellung des Themas suchen sich die Schüler einen Text aus und bilden Kleingruppen.
- Die Kleingruppen beschäftigen sich zuerst ausführlich mit ihrem Text.
- Die Gruppenmitglieder entscheiden gemeinsam, wie sie den Text sinnbetont lesen wollen, indem sie den Inhalt rekurrieren und sich in die Situation einfühlen. (Eventuell muss der Text von den Schülern vorher skandiert werden, damit das metrische Lesen am Ende auch stimmig ist.) Danach wählen sie ein Gruppenmitglied aus, das den Text lesen soll. Nach mehrfacher Übung und Korrektur kann der Text über Audacity® (am besten mithilfe eines Mikrofons) metrisch gelesen und aufgenommen werden. Zum Abschluss einigen sich die Schüler darauf, welche Hintergrundgeräusche am besten zu ihrem Text passen.
- Gegen Ende des Projekts werden die Ergebnisse noch einmal überarbeitet und den anderen Gruppen vorgestellt.
- Je nach Qualität der Ergebnisse können die Beiträge einer breiteren Öffentlichkeit bekannt gemacht werden, z. B. auf der Schulhomepage oder auch als Beitrag für den Bundeswettbewerb Fremdsprachen (*https://www.bundeswettbewerb-fremdsprachen.de*).
- Für die Lehrbuchphase bietet es sich an, vor allem auf dialogische Texte zurückzugreifen. Hier können die Schüler den Text mit verteilten Rollen lesen und Hintergrundgeräusche einbauen. Auch Texte mit dramatischen bzw. spannenden Szenen eignen sich gut für eine Vertonung mit Audacity®.

Mögliche Fallstricke und Tipps

- Wenn man das Projekt in der Oberstufe durchführt, sollte man vorher abklären, ob nicht schon der ein oder andere Schüler Vorerfahrung mit der Bearbeitung von Audioinhalten vorzuweisen hat. Falls ja, sollte man natürlich darauf zurückgreifen und die entsprechenden Schüler als Experten einsetzen.
- Ist das Ziel des Projekts eine Veröffentlichung (z. B. auf der Schulhomepage), muss das Urheberrecht beachtet werden. Dies gilt vor allem für die Musik und die Soundeffekte für den Hintergrund.
- Plant man eine professionelle Produktion, wäre es sinnvoll, sich mit aufwendigeren Schnittprogrammen (z. B. Avid Pro Tools: *https://www.avid.com/de/pro-tools* oder Magix Sequoia: *https://www.magix.com/de/musik/sequoia/*) auseinanderzusetzen. Diese Programme sind jedoch kostenpflichtig und die Anschaffung nur gerechtfertigt, wenn sie auch in anderen Bereichen des Schullebens regelmäßig Anwendung finden.
- Vor allem für Apple®-Nutzer bietet sich als Alternative das Programm GarageBand® an, das auch als App für das Smartphone oder Tablet bezogen werden kann. Mit GarageBand® besteht sogar die Möglichkeit, eigene Sounds mit digitalen Instrumenten zu kreieren und diese in die Vertonung antiker Texte miteinzubauen.

Analoge Alternative

Die Vertonung lateinischer Texte lässt sich ohne Aufwand auch analog bewerkstelligen. Die Schüler können die Texte vor der Klasse sinnbetont vorlesen, andere Schüler übernehmen die Hintergrunduntermalung. Dabei sind der Kreativität keine Grenzen gesetzt. Vorstellbar ist der Einsatz von Instrumenten, Stimme (z. B. Beatbox) oder auch anderen geräuscherzeugenden Werkzeugen.

Materialhinweise und Beispiele

- Gemeinfreie Musik:
  - *https://www.medienpaedagogik-praxis.de/kostenlose-medien/freie-musik/*
  - *https://www.terrasound.de/gemafreie-musik-kostenlos-downloaden/*
- Gemeinfreie Geräusche:
  https://www.musicfox.com/soundpool/geraeusche/
- Metrisch gelesene Texte aus Ovids Metamorphosen:
  https://www.telemachos.hu-berlin.de/materialien/ovidprojekt/ovid_texte/texte_uebersicht.htm
- Hörbeispiel aus Phaedrus' Fabeln:
  https://www2.klett.de/sixcms/list.php?page=lehrwerk_extra&extra=Libellus&titelfamilie=&inhalt=klett71prod_1.c.1706430.de&modul=inhaltsammlung&kapitel=1706427

1.4 Übersetzungen bewerten

Klasse 8–13

 2–4 Unterrichtsstunden

 Erarbeitung

 Antike Texte bearbeiten und kreativ umsetzen

Beschreibung

Neben dem Textverständnis ist es ein Hauptziel des altsprachlichen Unterrichts, antike Texte angemessen in gutes und verständliches Deutsch zu übersetzen. Mit dieser Fähigkeit geht einher, dass man auch bewerten lernt, ob eine Übersetzung den Sinn des Textes getroffen hat oder nicht. Oder ob eine Übersetzung Fehler enthält und wenn ja, welcher Art diese sind. Um diese Fähigkeiten zu schulen, bietet das Internet zahlreiche Optionen. Auf der einen Seite kann man auf Übersetzungstools, wie den Google®-Übersetzer, zurückgreifen, der meistens äußerst humorvolle Ergebnisse liefert, oder auch sich bei den zahlreichen privaten Seiten „bedienen", die zu vielen lateinischen Texten deutsche Übersetzungen anbieten.
Selbstredend finden sich auch zu Lehrbuchtexten entsprechende Übersetzungen (zumeist von Schülern). Für diese Idee wurden jedoch nur Originaltexte in Betracht gezogen, die in der Regel frühestens ab Klasse 8 im Unterricht behandelt werden.

Benötigte Materialien und technische Voraussetzungen

- Tablet oder Computer mit Internetzugang pro Kleingruppe

Ablauf und Methode an einem konkreten Beispiel

- Setting: Seneca, *epistulae morales*
- Vorbereitung: Im regulären Unterricht wurden in der letzten Unterrichtseinheit mehrere Briefe bzw. Auszüge aus den *epistulae morales* behandelt.
- Philosophische Texte verursachen häufiger Verständnisschwierigkeiten. Zahlreiche wichtige römische Wertbegriffe werden im philosophischen Kontext in besonderer Weise verwendet und nicht immer mit den Bedeutungen übersetzt, die im Lehrbuch stehen. Gerade deshalb bieten sie sich an, um über angebotene Übersetzungen zu diskutieren und diese gegebenenfalls zu verbessern.
- Die Schüler arbeiten in Partnerarbeit. Jedes Paar bekommt einen eigenen Textabschnitt aus Senecas Briefen an Lucilius. Für die Suche im Internet wird der Klasse eine Liste mit Links (siehe „Materialhinweise") zur Verfügung gestellt.
- Bei dieser Idee kann sehr einfach arbeitsteilig vorgegangen werden. Manche Gruppen untersuchen die verschiedenen Internetübersetzungen. Andere sollten sich den Google®-Übersetzer vornehmen und ihre Texte dort eingeben, um eine entsprechende Übersetzung zu bekommen. An den Text kommen die Schüler über *http://www.thelatinlibrary.com* oder *https://latin.packhum.org/browse*. Alternativ können die Texte auch vom Lehrer digital (z. B. über eine Cloudlösung oder ein Tauschlaufwerk) verfügbar gemacht werden.
- Die Schülergruppen, die sich mit den Internetübersetzungen beschäftigen, sollen diese nach verschiedenen Kriterien bewerten (sprachliche Korrektheit, angemessenes Deutsch, Sinnhaftigkeit, …) und rezensieren. Es ist auch denkbar, ein eigenes Bewertungssystem (Sterne, Smileys o. Ä.) dafür heranzuziehen.
- Die Gruppen, deren lateinischer Text vom Google®-Übersetzer bearbeitet wurde, gehen in ähnlicher Weise vor, sollen aber vor allem die Funktion dieses Tools für den Einsatz im Lateinunterricht bewerten.

- Das Ziel aller Gruppen soll es in einem zweiten Schritt sein, nun eine eigene „Masterübersetzung" anzufertigen, die dann den anderen Gruppen vorgestellt und auch von diesen bewertet werden soll.

Mögliche Fallstricke und Tipps

- Diese Idee hat die Absicht, den Sinn von Internetübersetzungen bzw. Übersetzungstools zu problematisieren. Die Schüler sollen dafür sensibilisiert werden, die Übersetzungen kritisch zu bewerten, aber auch deren Vorteile zu nutzen.
- Gerade bei schwierigen Originaltexten kommt es durchaus vor, dass Schüler deutliche Probleme bekommen und oftmals frustriert aufgeben. Gerade dafür kann es sinnvoll sein, bewusst das Internet als (weiteres) Unterstützungsinstrument einzusetzen.

Analoge Alternative

Es ist auch denkbar, verschiedene Übersetzungen aus dem Internet auszudrucken und an die Schüler zu verteilen. Dabei entfällt jedoch die Recherchearbeit.

Materialhinweise

Internetseiten mit deutschen Übersetzungen:
- e-Latein:
  www.latein.at
- Lateinoase.de:
  https://www.lateinoase.de
- Lateinheft.de:
  www.lateinheft.de
- Romanum:
  https://www.romanum.de
- linguatools:
  https://www.linguatools.net/uebersetzer/latein-deutsch/
- Gottwein.de:
  http://www.gottwein.de

1.5 Eigene Textausgaben erstellen

Klasse 8–13

 6–8 Unterrichtsstunden

 Vertiefung / Projekt

 Antike Texte bearbeiten und kreativ umsetzen

Beschreibung

Ziel dieses Projektes ist es, dass die Schüler am Ende der Arbeitsphase eine selbst gestaltete Textausgabe vor sich haben, mit der dann weitergearbeitet werden kann. Ob diese digital als ⇨ E-Book oder in Papierform vorliegen soll, ist vorerst nebensächlich. Es geht in erster Linie darum, mit lateinischen Originaltexten umzugehen und die Schwierigkeiten eines Textes in den Bereichen Wortschatz, Formen und Satzlehre zu identifizieren. Die Schüler erstellen einen Text, der mit Wortangaben, Hilfen zur Grammatik und weiterführenden Aufgaben versehen ist. Optional können noch Bilder, Fotos oder weitere visualisierende Darstellungen ergänzt werden.

Benötigte Materialien und technische Voraussetzungen

- Tablet oder Computer mit Internetzugang pro Kleingruppe
- Zugang zu Mediendatenbanken, z. B. Wikimedia Commons®
- Wörterbuch, Begleitgrammatik
- eventuell eine deutsche Übersetzung des Textes

Ablauf und Methode an einem konkreten Beispiel

- Setting: Unterrichtseinheit zu Phaedrus' Fabeln
- Vorbereitung: In einer vorangegangenen Unterrichtseinheit wurden verschiedene Fabeln von Phaedrus mit den Schülern bearbeitet. Dabei wurden gängige Interpretationsansätze verfolgt, die man bei Fabeln anwenden kann. Darunter fällt neben der Bewertung und Übertragung von Pro- bzw. Epimythion auch die Strukturierung jeder Fabel in die typischen Gliederungsabschnitte.
- Die Schüler erhalten für ihre Kleingruppe jeweils eine unbearbeitete Fabel aus der Sammlung von Phaedrus.
- In einem ersten Schritt sollen die Schüler eigenständig die Fabel erschließen, übersetzen und interpretieren. Dafür nutzen sie Hilfsmittel wie Wörterbuch und / oder Begleitgrammatik.
- Die Schüler identifizieren Schwierigkeiten des Textes aus den Bereichen Wortschatz und Grammatik. Sie formulieren Hilfen zum Text, indem sie Wortangaben ergänzen und (optional) stilbildende Elemente wie Hyperbata auflösen oder grafisch sichtbar machen.
- Aufgrund ihrer Erkenntnisse aus der eigenen Erschließung und Interpretation formulieren die Schüler nun Aufgaben zum Text. Für diesen Teil der Arbeit bekommen sie einen Operatorenkatalog vorgelegt, der ihnen dabei helfen soll, die Aufgaben zu formulieren: *http://www.bildungsplaene-bw.de/,Lde/LS/BP2016BW/ALLG/GYM/L2/OP*   1
- Da die Texte im späteren Verlauf der Einheit von den anderen Gruppen noch bearbeitet werden sollen, kann es sinnvoll sein, dass die Kleingruppen einen Erwartungshorizont für ihre Texte formulieren. Dieser kann dann zur Kontrolle eingesetzt werden.
- Für die Bildersuche recherchieren die Kleingruppen im Internet oder zeichnen selbst ein Bild zum Text, z. B. mit Adobe® Illustrator Draw (*https://www.adobe.com/de/products/draw.html*).
- Jetzt geht es an die Gestaltung. Für die Fabeln bietet es sich an, die Gestaltung einer DIN-A4-Doppelseite vorzugeben. Text, Aufgaben und Bilder werden am Tablet oder Computer eingebaut. Für die Bearbeitung kann auf Layout-Apps bzw. -programme zurückgegriffen werden, die ein professio-

nelleres Ergebnis liefern. Eine Möglichkeit wäre die App Adobe® Comp CC (*https://www.adobe.com/de/products/comp.html*), die man auf einem Tablet einsetzen kann. Online findet sich eine leicht verständliche Anleitung, wie man am besten vorgehen kann, um ein attraktives Produkt zu gestalten:

https://helpx.adobe.com/de/mobile-apps/how-to/layout-ideas-go.html

2

- Es lassen sich ohne größere Probleme selbst gezeichnete Bilder oder auch Fotos integrieren.
- Zum Abschluss wandeln alle Gruppen ihr Dokument in ein PDF-Dokument um und schicken es dem Lehrer per E-Mail oder stellen es in einer Cloudlösung zur Verfügung. Dieser kann nun alle Fabeln zu einem Dokument zusammenfügen und einen Einband gestalten (oder von Schülern gestalten lassen).
- Ob man nun das fertige Produkt farbig ausdruckt und binden lässt oder sich im Internet nach einer professionellen Druckerei umsieht, ist jedem selbst überlassen.
- Grundsätzlich gäbe es die Möglichkeit, die Produkte beim Schulfest, Weihnachtsbasar oder Ähnlichem zu verkaufen, gegen Spende zu verschenken oder anderweitig unter die Leute zu bringen.
- Für den weiteren Verlauf der Unterrichtseinheit soll die fertige Textausgabe nun eingesetzt werden. Hier kann man auch nach der Methode „Lernen durch Lehren" vorgehen. Informationen dazu: *www.ldl.de/Material/Publikationen/aufsatz2000.pdf*

3

- Jede Kleingruppe übernimmt für ihre Fabel die Aufgaben des Lehrers und führt die restliche Klasse durch den Text.

Mögliche Fallstricke und Tipps

- Bei der Auswahl der Fabeln muss besonders darauf geachtet werden, die Schüler nicht zu überfordern. Im Zweifel sollte man noch weitere Fabeln in der „Hinterhand" haben, um bei einer Überforderung entsprechend reagieren zu können.
- Damit in der Ergebnissicherung am Ende der Einheit nicht etwas Falsches vermittelt wird, muss der Lehrer darauf achten, alle erarbeiteten Inhalte sorgfältig auf Korrektheit zu prüfen.
- Der professionelle Druck der Textausgabe über einen Anbieter im Internet ist wirklich ratsam. Die Schüler halten am Ende ihr Produkt in den Händen. Die Kosten hierfür sind überschaubar.

Analoge Alternative

Textausgaben können selbstverständlich auch per Hand erstellt werden. Die Schüler bekommen den kopierten Text und bearbeiten ihn dann per Hand. Diese Methode hat den Vorteil, dass man mit großer Wahrscheinlichkeit schneller zu einem Ergebnis kommt und mehr Stoff in weniger Zeit behandeln kann. Produktorientiert ist die Vorgehensweise jedoch nicht.

Infoseiten

- Karl-Heinz Niemann: *Contra potentes nemo est munitus satis* – Eine Schülerdokumentation zur Phaedrus-Lektüre, in: Der Altsprachliche Unterricht 3/2013, S. 58–61.

1

2

3

1.6 Eigene Hörspiele erstellen

Klasse 5–13

 6–8 Unterrichtsstunden

 Vertiefung / Projekt

 Antike Texte bearbeiten und kreativ umsetzen

Beschreibung

Die Schüler setzen einen bearbeiteten lateinischen Text in ein Hörerlebnis um. Dabei nutzen sie Apps und Angebote aus dem Internet. Es ist hierfür unerheblich, ob die Klasse sich noch in der Lehrbuchphase befindet oder sich schon mit lateinischen Originaltexten befasst.

Benötigte Materialien und technische Voraussetzungen

- Tablet oder Computer mit Internetzugang pro Kleingruppe
- Audio-Apps, z. B. GarageBand® (iOS®), bzw. Audioprogramme, z. B. Audacity®
- Mikrofone und Kopfhörer

Ablauf und Methode an einem konkreten Beispiel

- **Setting:** In der Lektion wird eine gefährliche Reise mit der Kutsche von Rom nach Südfrankreich beschrieben. Die Protagonisten durchfahren in einem mächtigen Gewittersturm einen Wald und werden von umgestürzten Bäumen aufgehalten. Die Pferde scheuen und sorgen dafür, dass ein Mitfahrer aus der Kutsche stürzt und sich verletzt.
- **Vorbereitung:** Die Lektion wird vollständig behandelt, alle Vokabeln und Grammatikthemen sind eingeführt, geübt und besprochen.
- Die Klasse wird in Kleingruppen unterteilt; jede Gruppe bespricht, wie sie ihr Hörspiel umsetzen will.
- Für die Umsetzung gibt es mehrere Varianten, aus denen die Schüler wählen können: Hörspiel auf Deutsch, Hörspiel mit deutschem Erzähler und lateinischen Dialogen, Hörspiel auf Lateinisch.
- Nachdem sich die Gruppe für eine Variante und für ein Vorgehen (Welches Programm? Eigene Geräusche oder Geräusche aus einer App?) entschieden hat, wird eine Art ⇨ Storyboard für das Hörspiel erstellt. Dabei kann man das Textverarbeitungsprogramm Celtx® (*https://www.celtx.com*) nutzen, das speziell für die Skripterstellung entwickelt wurde. Jedes andere Textverarbeitungsprogramm (Word, Pages) kann natürlich auch verwendet werden.
- Das Skript (Drehbuch) sollte folgende Elemente enthalten: Rollennamen, Takes mit Nummerierung, Regieanweisungen, Sound- bzw. Geräuschanweisungen.
  - **Rollennamen:** Diese sind (eigentlich) durch den Lektionstext vorgegeben, können aber unter Umständen variiert werden. Es ist durchaus denkbar, den Text, der in der Antike spielt, in die Gegenwart zu transferieren. An dieser Stelle sollen auch die Rollen des Hörspiels verteilt werden.
  - **Takes:** Die Takes entsprechen den Abschnitten des Textes. So können sich die Schüler noch einmal die Strukturierung des Textes vor Augen führen.
  - **Regieanweisungen:** Hierbei geht es um die Stimmung und Stimmlage der Sprecher. In welcher Tonlage und Sprechgeschwindigkeit sollen die einzelnen Passagen aufgenommen werden?
  - **Sound- bzw. Geräuschanweisungen:** Die Schüler entscheiden, an welcher Stelle welcher Effekt sinnvoll ist.
- Nun geht es an die Produktion. Die Schüler sprechen ihre Parts ein und legen entsprechende Effekte oder auch Musik darüber. Ein Teil der Gruppe übernimmt den Schnitt und die Postproduktion.

Die vorgeschlagenen Programme bzw. Apps sind zu großen Teilen selbsterklärend und benötigen kaum Anleitung.
- Die Endprodukte werden nun der Gesamtklasse vorgespielt und besprochen. Je nach Qualität kann das ein oder andere Hörspiel auf der Schulhomepage zum Download angeboten werden. So können auch zukünftige Schülergruppen von der Arbeit profitieren.

Mögliche Fallstricke und Tipps

- Falls die Schüler sich dafür entscheiden, lateinische Elemente in ihr Hörspiel einzubauen, ist es unabdingbar, die Textpassagen Korrektur zu lesen, um Fehler zu vermeiden. Der Unterrichtende sollte auch auf eine einfache Sprache achten, damit die Zuhörer keine Verständnisschwierigkeiten haben.
- Vor allem wenn das Hörspiel auch anderen zur Verfügung stehen soll, muss sichergestellt werden, dass keine Urheberrechtsverletzungen begangen werden (Lesetipps: *https://www.urheberrecht.de/schule/* oder *https://lehrerfortbildung-bw.de/st_recht/urheber/urh/*).
- Was die Textauswahl betrifft, ist man ziemlich frei. Attraktiv sind vor allem Texte mit Dialogpassagen und spannenden Wendungen.

Analoge Alternative

- Eine analoge Umsetzung wäre durch ein szenisches Spiel möglich. Hintergrundgeräusche müssten selbst erzeugt werden, was der Kreativität der Schüler bestimmt nicht abträglich ist.
- Ein Storyboard lässt sich natürlich auch ohne Computer handschriftlich erstellen.

Materialhinweise

Seiten mit kostenlosen gemeinfreien Geräuschen:
- *http://www.hoerspielbox.de* [1]
- *https://www.musicfox.com/soundpool/geraeusche/* [2]

[1]

[2]

1.7 Texte digital erschließen

 45 Minuten

 Erarbeitung

 Antike Texte bearbeiten und kreativ umsetzen

Beschreibung

Bevor man einen Text übersetzt, ist eine Erschließung unabdinglich. Die Erschließungsphase teilt sich zumeist in zwei Bereiche:
1. Die **Hinführung zum Text** wird über Zweittexte, Bilder oder auch kurze Filmsequenzen erleichtert.
2. Die **textimmanente Erschließung** beschäftigt sich mit typischem Vokabular, dem Tempusrelief des Textes, der Kohärenz oder auch mit der Stilistik.

Mithilfe digitaler Methoden kann vor allem der zweite Bereich bedient werden.
Die Schüler markieren sich im Text wichtige Begriffe / Namen, Prädikate und auffällige Strukturen. Sie können darüber hinaus auch die Erschließung der einzelnen Sätze dadurch einfacher gestalten, indem sie nach der Einrückmethode (kolometrische Gliederung) vorgehen. Hierbei grenzen sie Haupt- und Nebensätze voneinander ab, sodass die Struktur des Satzes offensichtlich wird. Die abhängigen Nebensätze rücken immer ein Stück nach rechts. Bei weiteren abhängigen Sätzen rutscht man immer weiter nach rechts. Natürlich können strukturelle Auffälligkeiten, wie z. B. Aufzählungen oder Konstruktionen, auf diese Weise kenntlich gemacht werden.
Am Ende der Bearbeitungsphase entsteht so ein individuell gestalteter Text, der es den Schülern ermöglichen soll, bessere Übersetzungsleistungen abzuliefern.

Benötigte Materialien und technische Voraussetzungen

- Computer mit vorinstalliertem Textverarbeitungsprogramm pro Schüler / Kleingruppe
- oder Tablet (mit Stift, falls vorhanden) pro Schüler / Kleingruppe mit vorinstalliertem Textverarbeitungsprogramm und einer App zur Bearbeitung von Texten im PDF-Format, z. B. PDF Expert, Good Notes (iOS®) o. Ä.

Ablauf und Methode an einem konkreten Beispiel

- Setting: Caesar, Bellum Gallicum 1,1
- Vorbereitung: Bevor man diese Idee in Angriff nimmt, muss das kolometrische Gliederungsverfahren eingeführt und geübt worden sein. Zudem müssen die Texte digitalisiert und verfügbar gemacht werden.
- Nach der Hinführung zum Text über eine Karte von Gallien, einen Erklärfilm oder eine kurze Biografie von C. Iulius Caesar kopieren sich die Schüler den Text des ersten Kapitels in eine Textverarbeitungsapp auf ihrem Tablet (z. B. Word, Pages).
- Die Schüler gliedern den Text nun kolometrisch, indem sie Haupt- und Nebensätze voneinander abtrennen und die abhängigen Sätze einrücken. Darüber hinaus sollen sie ebenfalls Aufzählungen grafisch kenntlich machen, indem sie jedes Kolon der Aufzählung in eine separate Zeile setzen.
- Nachdem das Dokument in ein PDF umgewandelt wurde, importieren die Schüler es zur Bearbeitung in eine App, z. B. PDF Expert.
- Mithilfe dieser App können sie nun weitere Markierungen vornehmen. Der Text bietet hierfür vielfältige Möglichkeiten. So können Eigennamen von Volksstämmen mit einer Farbe, Namen von Flüssen mit einer anderen Farbe unterstrichen werden.

- Sinnvoll kann es auch sein, Prädikate und dazu gehörende Subjekte farblich zu kennzeichnen, da es im Text hier oft einen Wechsel gibt.
- Zur weiteren Strukturierung bietet es sich zudem an, Wortblöcke zu identifizieren, indem sie von den Schülern eingerahmt werden.
- Als Ergebnissicherung werden die Schülerergebnisse in der Klasse besprochen. Dabei wäre es hilfreich, wenn diese dem Lehrer über eine Cloudplattform oder ein Filesharing-System zur Verfügung stehen.
- Nach der Erschließungsphase wird der Text von der Klasse ins Deutsche übertragen.

Mögliche Fallstricke und Tipps

- Die Einrückmethode sollte vor der digitalen Erschließung ausführlich eingeführt und besprochen sein. Sonst ist die Wahrscheinlichkeit einer fehlerhaften Strukturierung ziemlich hoch.
- Damit die Schüler genau wissen, wie sie bei der Markierung verschiedener auffälliger Wörter und Wortgruppen vorgehen sollen, sollten die Kategorien vorher besprochen werden.
- Da der Textabschnitt aus dem Beispiel relativ lang ist, könnte man auch arbeitsteilig vorgehen und die Unterkapitel von verschiedenen Kleingruppen bearbeiten lassen. Diese müssen selbstverständlich am Ende zusammengeführt werden.

Analoge Alternative

Der Text kann auch in Papierform ausgeteilt und mit verschiedenfarbigen Stiften bearbeitet werden. Die Einrückmethode kann man dahingehend abwandeln, dass man Wörter, die einen Nebensatz einleiten, farblich hervorhebt bzw. Haupt- und Nebensätze in unterschiedlichen Farben unterstreicht. Die einzelnen Glieder einer Aufzählung können ebenfalls farblich markiert werden.

Infoseiten

- Marina Keip / Thomas Doepner (Hg.): Innovative Fachdidaktik Latein, Göttingen 2010, S. 110.
- Peter Kuhlmann: Fachdidaktik Latein kompakt, Göttingen 2009, S. 100f.

1.8 Texte gestalten

Klasse 5–13

 6–8 Unterrichtsstunden

 Vertiefung / Projekt

 Antike Texte bearbeiten und kreativ umsetzen

Beschreibung

Die Schüler erstellen ein interaktives ⇨ E-Book. Dazu nutzen sie einfach zu bedienende Desktop- oder Tablet-Apps (z. B. iBooks® Author oder Book Creator). Diese Apps erlauben es, intuitiv eigens erstellte Fotos oder Videos in das E-Book einzufügen und dieses dann individuell zu gestalten.

Benötigte Materialien und technische Voraussetzungen

- Tablet oder Computer mit vorinstalliertem Programm zur Erstellung von E-Books (z. B. iBooks® Author, Link: *https://www.apple.com/de/ibooks-author/*, oder Book Writer One) pro Kleingruppe
- eventuell zusätzlich eine Kamera zum Fotografieren oder Filmen notwendig

Ablauf und Methode an einem konkreten Beispiel

- Setting: Die Varusschlacht 9 n. Chr.
- Vorbereitung: Das Thema wurde durch einen Lehrervortrag oder die Behandlung eines entsprechenden Textes im Lehrbuch eingeführt bzw. besprochen. Der Lehrer muss darüber hinaus Texte zum Thema heraussuchen und eventuell bearbeiten.
- In einer Sammlungsphase stellen die Schüler in Kleingruppen alle notwendigen Informationen zur Varusschlacht zusammen. Dabei bedienen sie sich aus Internetquellen oder entsprechender Literatur, die am besten vom Lehrer zur Verfügung gestellt wird. Je nach Alter der Schülergruppe können einsprachige lateinische Orginaltexte eingesetzt werden (z. B. Velleius Paterculus, Sueton, Tacitus), die natürlich dem Sprachniveau der Schüler angepasst werden müssen. Ebenfalls kann mit zweisprachigen Texten gearbeitet werden.
- Es macht Sinn, die Erstellung des E-Books mit gewissen Vorgaben zu verknüpfen. So sollte in jedem E-Book ein lateinischer Text vorkommen. Ob der Originaltext oder sprachlich vereinfachte Texte (z. B. in einer Sprech- oder Gedankenblase) verwendet werden, kann den Schülern überlassen werden. Darüber hinaus sollte eine minimale und maximale Seitenzahl angegeben werden, damit nicht zu wenig, aber auch nicht zu viel Material zusammenkommt. Abhängig davon, welche Plattform verwendet wird, sollte man sich auf eine App bzw. ein Programm einigen, die / das zum Einsatz kommen soll. Des Weiteren kann man noch vorgeben, wie viele Bilder, Videos und Audiodateien in das E-Book eingebaut werden sollen.
- Jetzt kann die kreative Arbeit starten. Die Schüler einigen sich darauf, wer in der Gruppe welche Aufgabe übernimmt und mit welchen Medien gearbeitet werden soll. Es können eigene Fotos aufgenommen oder Bilder aus dem Internet in das Dokument eingefügt werden. Für ein Video könnten die Schüler z. B. eine Nachrichtensendung zur Varusschlacht konzipieren oder auch einen kurzen ⇨ Stop-Motion-Film (siehe Idee „Stop-Motion-Filme erstellen") kreieren, der einen Teil der Schlacht nachzeichnet. Audiodateien können für deutsche Übersetzungen lateinischer Texte benutzt werden oder z. B. als Kommentare zur Frage, wo die Schlacht denn tatsächlich stattgefunden hat.
- Es ist darauf zu achten, dass die E-Books in einem Format abgespeichert werden, das vielen Anwendern zugänglich ist (z. B. EPUB).

- Eine Veröffentlichung der E-Books wäre über einen Cloudspeicher oder auch über die Schulhomepage möglich. Alternativ können die Ergebnisse des Projekts auch im geschützten Bereich der Seite abgelegt werden.

Mögliche Fallstricke und Tipps

- Falls das Ergebnis veröffentlicht werden soll, muss insbesondere auf Datenschutz und Urheberrecht geachtet werden. Videos mit Schülerbeteiligung sollten nicht ungefragt online gestellt werden.
- Die einzelnen Schülergruppen benötigen ein klares Konzept für ihre Arbeit und sollten sich nicht zu kurz damit befassen. So kann man einer „Verzettelung" entgegenwirken.

Analoge Alternative

Die Schüler gestalten ein eigenes kleines Heft zur Varusschlacht. Sie schreiben kurze Infotexte, zeichnen Bilder oder verfassen Übersichten. Sie können aus Büchern weitere Bilder kopieren und in ihr Heft einfügen.

Infoseiten

- Allgemeine Infos zum Einsatz und zur Gestaltung von E-Books im Unterricht:
  https://lehrerfortbildung-bw.de/st_digital/tablet/fortbildungen/tablet/android/ebooks/ [1]
- Infosendung zur Varusschlacht:
  https://www.youtube.com/watch?v=scPZum-mi4A [2]
- Infotext zur Varusschlacht:
  https://www.planet-wissen.de/kultur/voelker/roemer_in_germanien/pwiedievarusschlacht100.html [3]

2.1 Einen virtuellen Stadtrundgang erstellen

Klasse 7–10

 4–6 Unterrichtsstunden

 Vertiefung/Projekt

 Antike Kultur erfahrbar machen

Beschreibung

Mit digitalen Mitteln ist es mittlerweile ohne großen Aufwand möglich, virtuell in die Antike einzutauchen und wichtige Plätze zu besuchen. Zusätzlich lassen sich zahlreiche Vergleichspunkte zur Gegenwart ziehen, um die Besonderheit antiker Architektur und Stadtplanung herauszuarbeiten. Die Schüler sollen in dieser Einheit selbst als eine Art Fremdenführer auftreten und einen Audioguide für einen antiken Schauplatz erstellen.

Benötigte Materialien und technische Voraussetzungen

- Tablet/Computer mit Internetzugang und vorinstalliertem Aufnahmeprogramm, z. B. Audacity® oder GarageBand® (iOS®), pro Kleingruppe
- Zugang zu Karten-Apps (z. B. Google® Maps)
- Mikrofone (bei Bedarf)

Ablauf und Methode an einem konkreten Beispiel

- Setting: Stadtrundgang durch Rom im Jahre 320 n. Chr.
- Vorbereitung: Der Lehrer erarbeitet mit den Schülern die Gegebenheiten des Jahres 320 n. Chr. Neben der politischen Situation soll dabei auch der gesamte Zustand des Römischen Reiches beleuchtet werden.
- Die Klasse wird in Kleingruppen unterteilt.
- Mithilfe von Karten des aktuellen und des antiken Roms machen sich die Schüler ein Bild darüber, wie sie genau vorgehen wollen.
- Es werden im nächsten Schritt wichtige Gebäude und Plätze markiert und ein Weg durch die Stadt definiert. Dabei sollte darauf geachtet werden, eine gewisse Anzahl an Besuchspunkten festzulegen, um so einen überschaubaren Rahmen zu erreichen. Es ist ebenfalls möglich, bestimmte Schauplätze vorzugeben (Kolosseum, Circus Maximus, Forum Romanum etc.).
- Die Schüler erarbeiten nun zu jedem Gebäude/Platz mittels Internetrecherche (z. B. über Wikipedia) alle notwendigen Informationen und stellen diese in einer Tabelle zusammen. Zusätzlich sollen geeignete Bilder zu den Orten herausgesucht und in eine Präsentation (z. B. PowerPoint) eingearbeitet werden.
- Diese Informationen sollen nun in gesprochene Texte transkribiert und in mehreren Durchläufen überarbeitet werden. Anschließend übertragen die Schüler ihre Texte als Audiodateien auf den Computer/das Tablet. Dazu nutzen sie die internen Aufnahmemöglichkeiten der Geräte oder eigene Aufnahmeprogramme wie Audacity® oder GarageBand®.
- In einem letzten Schritt fügen nun die einzelnen Gruppen Bilder und Audiotexte zusammen. Hierbei soll vor allem auf die Synchronität der Bilder und der Sprechtexte Wert gelegt werden, d. h. die Sprechanteile der Schüler sollen erst dann einsetzen, wenn das entsprechende Bild in der Präsentation erscheint bzw. sollen die Texte nur zu hören sein, solange das Bild zu sehen ist.
- Für die Präsentation ist es denkbar, dass die Gruppen sich ihre Ergebnisse gegenseitig vorstellen, um keine Monotonie zu erzeugen. In einer Abschlussrunde können besonders gelungene „Rundgänge" noch einmal besprochen werden.

- Je nach Qualität ist auch an eine Veröffentlichung z. B. auf der Schulhomepage zu denken. Es ist zu beachten, dass nur gemeinfreie Bilder verwendet werden dürfen.

Mögliche Fallstricke und Tipps

- Es müssen mehrere Dinge gleichzeitig erledigt werden. Dieser Sachverhalt bedarf einer guten Organisation innerhalb der Gruppe. Jeder Schüler sollte genau wissen, was er zu tun hat und wann er mit seinem Bereich fertig sein muss.
- Wenn man mit jüngeren Schülern arbeitet, kann man die Idee auf den Audioguide reduzieren. Im Internet gibt es animierte Flyovers über das antike Rom, die ohne Kommentar auskommen:
  Beispiele:
    - *https://www.youtube.com/watch?v=vrIEwjgfbYs&t=60s*
    - *https://www.youtube.com/watch?v=pHinQD3GAIo&t=31s*

  So könnten die Schüler, nachdem sie das Video geschaut haben, zu den dort vorkommenden Gebäuden und Plätzen im antiken Rom Kommentare und Informationen herausarbeiten und als Audiodatei einsprechen. Bei der Präsentation müsste dann nur an der entsprechenden Stelle des Videos der Pausenknopf gedrückt und der passende Kommentar eingespielt werden.

Analoge Alternative

Den Schülern werden Bilder von wichtigen Gebäuden und Plätzen der Antike ausgeteilt. Auf das Aufnehmen der Audioguide-Kommentare wird verzichtet. Die Schüler halten stattdessen jeweils ein Kurzreferat zu den einzelnen Bauwerken bzw. Plätzen.

Beispiel und Infoseite

- Offizielle Seite des Projekts „Rome Reborn®":
  https://www.romereborn.org
- Informationen zur Erstellung eines virtuellen Stadtrundgangs:
  https://segu-geschichte.de/roemisches-koeln/

2.2 3D-Objekte und Bilder erfahrbar machen

Klasse 5–13

 45 Minuten

 Erarbeitung

 Antike Kultur erfahrbar machen

Beschreibung

⇨ Augmented Reality (AR) ist auf dem Vormarsch. Fast täglich treten neue Ideen zu diesem Bereich zutage und drängen in den Vordergrund. Auch für die Schule und gerade für den Unterricht der Alten Sprachen und der Antike bieten sich hier zahlreiche Möglichkeiten. Mit dieser Technologie ist es möglich, sich den Weg ins Museum oder zu einer Ausgrabungsstätte zu sparen. Entsprechende Apps verhelfen einem zu diesem Erlebnis.
Darüber hinaus ist es auch möglich, Dokumente und Bilder mit einem sogenannten Overlay zu belegen, der dann zusätzliche Informationen anzeigt.

Benötigte Materialien und technische Voraussetzungen

- Tablet oder Smartphone mit vorinstallierter AR-App (z. B. HP Reveal®) pro Schüler / Kleingruppe
- Computer mit Internetzugang (Lehrer)

Ablauf und Methode an einem konkreten Beispiel

Beispiel 1:
- Setting: Die Augustus-Statue von Prima Porta
- Vorbereitung: Der Lehrer muss sich auf der Seite HP Reveal® (*https://www.hpreveal.com*) einen kostenlosen Zugang mit einer E-Mail-Adresse und einem Benutzernamen anlegen. Nun kann er eine neue „Aura" erstellen. Diese Aura kann ein Bild im JPG-Format, aber auch eine Datei im PDF-Format sein. Für diese Unterrichtsidee wählt der Lehrer ein geeignetes Bild der Augustus-Statue von Prima Porta in ausreichender Qualität aus und lädt dieses auf die Seite hoch. Nun müssen die Overlays hinzugefügt und über das Bild gelegt werden. Diese Overlays erscheinen dann, wenn die Schüler ihre Smartphones oder Tablets über das Bild halten und es mit der Kamerafunktion scannen.
- Diese Overlays können aus unterschiedlichen Dateiformaten bestehen:
  - weitere Bilder
  - Texte (diese müssen aber auch in einer Bilddatei vorliegen)
  - Link zu Internetseiten

  Für die vorgestellte Unterrichtsidee werden Texte zu den Einzelheiten des Brustpanzers von Augustus erstellt und über die entsprechende Stelle des Bildes gelegt.
- Das Bild kann nun ausgedruckt und im Klassenzimmer verteilt werden. Die Schüler gehen allein oder in Kleingruppen durch das Zimmer und nehmen die Zusatzinformationen über die Overlays auf. Vorweg müssen die Schüler die App und die Zugangsdaten des Lehrers bekommen haben, um das bearbeitete Bild auch mit den Overlays sehen zu können.
- In einem abschließenden Unterrichtsgespräch werden die Ergebnisse gesichert und besprochen.

Beispiel 2:
- Setting: Vergil, Aeneis Buch II
- Vorbereitung: Der Lehrer sucht mehrere Stellen aus dem zweiten Buch der Aeneis heraus, die über Rezeptionsdokumente verfügen (z. B. Aeneas mit Vater und Sohn, Trojanisches Pferd, Laokoon, Nyktomachie) und stellt die Texte im PDF-Format in seine Aura ein. Als Overlays verwendet er die gefundenen Bilder. Die Texte werden ausgedruckt und im Klassenzimmer ausgehängt.

- Die Schüler scannen mit Smartphones oder Tablets die Texte und erhalten dann die Bilder. Mit deren Hilfe können sie Vermutungen zum Inhalt anstellen. Hier kann auch arbeitsteilig vorgegangen werden.
- In einem zweiten Schritt erhalten die Schüler die reinen Texte und bearbeiten die gestellten Aufgaben zu Übersetzung und Interpretation. Eine Übung, die die Bilder noch einmal aufgreift, könnte sein, diesen bestimmte Verse zuzuordnen.

Mögliche Fallstricke und Tipps

- Die Vorbereitung für diese Unterrichtsidee nimmt einige Zeit in Anspruch, der Aufwand zur Erstellung der AR ist im Endeffekt jedoch überschaubar.
- Um die Datenschutzvereinbarungen erfüllen zu können, bietet das Programm HP Reveal® selbst eine Lösung an. Der Lehrer soll neben seinem offiziellen Account noch einen zweiten mit einer nicht zuordenbaren E-Mail-Adresse und einem Benutzernamen anlegen, der dem Hauptaccount folgt. Diese Zugangsdaten können dann bedenkenlos an die Schüler weitergegeben werden.
- Der britische Fernsehsender BBC® hat aus seiner Serie „Civilisations" heraus eine AR-App (Civilisations AR) entwickelt, mit der man antike Kunstwerke ins Klassenzimmer bringen kann. Nachdem ein Darstellungsort definiert wurde, kann das antike Artefakt dorthin projiziert werden. Man kann dieses nun von allen Seiten betrachten, Zusatzinformationen abrufen und bestimmte Bereiche mit einer virtuellen Taschenlampe ausleuchten.

Analoge Alternative

Die Bilder könnten aus Büchern herauskopiert und anschließend mit passenden Texten versehen werden. Gerade zum Brustpanzer der Augustus-Statue gibt es in der Literatur zahlreiche Informationstexte, die verwendet werden können.

Beispiele und Infoseiten

- Infoseite über Augmented und ⇨ Virtual Reality:
  https://www.betzold.de/blog/augmented-reality/ 〔1〕
- Infoseite über Augmented Reality des Landesmedienzentrums Baden-Württemberg mit Unterrichtsbeispielen:
  https://www.lmz-bw.de/medien-und-bildung/medienwissen/virtual-und-augmented-reality/augmented-reality-unterrichtsbeispiele/ 〔2〕
- Anleitung zur Erstellung von AR mit HP Reveal®:
  https://www.youtube.com/watch?v=dMrvC2_aAEk 〔3〕
- Informationen zur BBC®-Serie „Civilisations" (Englisch):
  https://www.bbc.co.uk/programmes/articles/GThNCvQtxsgJfJrxCxFJb2/civilisations-masterworks-of-beauty-and-ingenuity 〔4〕

〔1〕

〔2〕

〔3〕

〔4〕

2.3 Biografien erstellen

 2–4 Stunden

 Erarbeitung / Vertiefung

 Antike Kultur erfahrbar machen

Beschreibung

Die römische Antike verfügt über ein großes Angebot von historischen Persönlichkeiten. Tatsächlich sollten unsere Schüler doch zumindest über einige besser Bescheid wissen, da sie entweder direkt oder indirekt Einfluss auf unsere moderne Welt genommen haben. Viele dieser Persönlichkeiten zu kennen, erweitert die Allgemeinbildung. Und kaum ein anderes Fach kann zur Allgemeinbildung mehr beitragen als das Fach Latein.

Die Schüler nutzen digitale Quellen, um sich über wichtige historische Persönlichkeiten aus der römischen Antike zu informieren, und sammeln Informationen über sie für eine produktive Arbeit. In der Unterstufe könnte man als Produkt einen Steckbrief wählen, während man für ältere Schüler tabellarische Übersichten oder ausformulierte Kurzbiografien einsetzen könnte.

Benötigte Materialien und technische Voraussetzungen

- Computer oder Tablet mit Internetzugang, Textverarbeitungs- und Präsentationsprogramm pro Kleingruppe
- Zugang zu Bilddatenbanken

Ablauf und Methode an einem konkreten Beispiel

- Setting: Biografie von C. Iulius Caesar
- Die Schüler haben in der letzten Lektion oder auch in der Originallektüre eine Episode aus Caesars Leben behandelt. Nun sollen sie diese Episode in eine Gesamtschau von Caesars Leben einfügen.
- Die Schüler gehen in Kleingruppen zusammen und einigen sich darauf, wer sich mit welchem digitalen Medium über Caesar informieren will.
- Über einschlägige Online-Lexika (z. B. Wikipedia®, Kinderzeitmaschine), über Videoportale (z. B. YouTube®, Sofatutor®) oder per Podcast (z. B. NRWision®) sammeln die Schüler Informationen zu Caesars Leben und Wirken.
- Ein Teil der Gruppe bzw. ein Schüler wird mit der Bildersuche beauftragt und stellt mehrere Bilder zu den verschiedenen Stationen in Caesars Leben zusammen.
- Die Gruppen treffen sich nun wieder und entscheiden, welche Informationen sie verwenden können und wollen. Grundlage hierfür ist ein kurzer Lehrervortrag bzw. eine kurze Information über die Verlässlichkeit von Internetquellen.
- Jetzt geht es an die Umsetzung in ein passendes Produkt. Den Schülern stehen verschiedene Möglichkeiten zur Verfügung: tabellarischer Lebenslauf, Zeitstrahl, Bilder und ihre Geschichte, Pecha Kucha-Vortrag, Darstellung seines Lebens mit lateinischen Zitaten etc.
- Es ist auch denkbar, die verschiedenen Möglichkeiten unter den Schülern aufzuteilen, um bei der Präsentation der Ergebnisse viele Varianten zu haben.
- Am Ende der Arbeit sollen alle Produkte kurz der Klasse vorgestellt werden.

Mögliche Fallstricke und Tipps

- Der Zeitaspekt spielt hier eine wichtige Rolle. Deshalb sollte darauf geachtet werden, die Arbeit an der Biografie zeitlich einzugrenzen.
- Die Arbeit an Biografien bietet zahlreiche Möglichkeiten für eine arbeitsteilige Vorgehensweise. Neben der Sichtung unterschiedlicher Quellen oder dem Nutzen verschiedener Medien könnte z. B. auch eine Gesamtschau über die wichtigsten römischen Kaiser von mehreren Gruppen erarbeitet werden.

Analoge Alternative

Diese Idee lässt sich mit Lexika zur Antike auch sehr gut analog bewerkstelligen. Einschlägige Werke dazu wären „Der Kleine Pauly" oder auch das „Lexikon der alten Welt".

Materialhinweise

- Artikel über Caesar in kindgerechter Sprache:
  https://www.geo.de/geolino/mensch/8983-rtkl-rom-er-kam-sah-und-siegte-julius-caesar [1]
- Kurzer Überblick in kindgerechter Sprache:
  http://www.kinderzeitmaschine.de/antike/lucys-wissensbox/kategorie/machthaber-von-koenigen-konsuln-und-kaisern/frage/wer-war-eigentlich-caesar.html?no_cache=1&ht=3&ut1=8 [2]
- Info-Podcast zu Caesar:
  https://www.nrwision.de/mediathek/historia-universalis-gaius-iulius-caesar-teil-1-hu004-180614/ [3]

1

2

3

2.4 Rezeptionsdokumente analysieren

Klasse 7–13

 90 Minuten

 Erarbeitung / Vertiefung

 Antike Kultur erfahrbar machen

Beschreibung

Rezeptionsdokumente spielen schon im Anfangsunterricht eine große Rolle. Man kann unmöglich eine Lektion über Laokoon bearbeiten, ohne die Statuengruppe aus den Vatikanischen Museen in den Unterricht einzubeziehen. Entsprechend ist es auch nur schwer denkbar, Phaedrus' Fabeln ohne die Versionen von Jean de La Fontaine oder auch Gotthold Ephraim Lessing zu bearbeiten. Ähnlich verhält es sich mit Gemälden aus der Renaissance oder auch den späteren Jahrhunderten. Gerade zu den Mythen aus Ovids Metamorphosen lassen sich zahlreiche verwendbare Gemälde finden, die sich sinnvoll im Unterricht einsetzen lassen.

Dieser Aspekt des Lateinunterrichts ist deshalb so wichtig, da er fast immer motivierenden Charakter hat und die Aktualität antiker Themen hervorhebt. Aus diesem Grund hat die Analyse von Rezeptionsdokumenten auch Einzug in die Bildungspläne der Bundesländer gehalten. Dabei sollte auch darauf geachtet werden, sich kritisch mit den Dokumenten auseinanderzusetzen und immer auch eine eingehende Prüfung der Bilder und Texte mit einfließen zu lassen.

Die Schüler sollen sich schon in den Anfangsjahren mit Rezeptionsdokumenten befassen. Je nach Alter der Schüler und Klassenstufe kann man differenziert vorgehen und die unten vorgestellte Idee variieren.

Benötigte Materialien und technische Voraussetzungen

- Tablet oder Computer mit Internetzugang und einem PDF-Bearbeitungsprogramm, z. B. GoodNotes, Vorschau (iOS®), Adobe® Acrobat Reader, Notability® (iOS®), PDF Expert (iOS®), pro Kleingruppe

Ablauf und Methode an einem konkreten Beispiel

- Setting: Bildanalyse zu Narcissus und Echo (Ovid, Metamorphosen III 339–510)
- Vorbereitung: Der Text zum Mythos von Narcissus und Echo wurde in den vorangegangenen Stunden ausführlich bearbeitet, analysiert und interpretiert. Der Lehrer stellt eine Sammlung von Bildern des Mythos zusammen. Dabei sollten unterschiedliche Epochen einbezogen werden. Um die Bilder sinnvoll miteinander vergleichen zu können, sollte man sich auf eine Szene des Mythos konzentrieren. Anbieten würde sich die Szene, in der sich Narcissus im Wasser gespiegelt sieht. Diese Sammlung wird online bereitgestellt, z. B. in einem schulinternen Tauschlaufwerk oder einer Lernplattform.
- Die Klasse wird in Kleingruppen unterteilt.
- Jeder Gruppe wird ein Bild mit allen notwendigen Informationen (Künstler, Epoche usw.) zugeordnet.
- Die Gruppen erhalten nun Aufgaben zur Bearbeitung:
  1. Einbettung des Bildes in ein PDF-Bearbeitungsprogramm (siehe oben)
  2. Zuordnung bestimmter Verse aus dem Text zum Bild
  3. Beschriftung des Bildes mit Wendungen oder Bezeichnungen aus dem Text
  4. Gesamtfazit mit detailliertem Vergleich von Text und Bild
- Insgesamt sollte ein Dokument entstehen, das alle Ergebnisse der oben gestellten Aufgaben beinhaltet. Dieses kann dann in eine abschließende Präsentation eingebettet oder als Ausdruck in der Klasse verteilt werden.

Mögliche Fallstricke und Tipps

- Die Zuordnung der Verse zu bestimmten Bildausschnitten kann für manche Schüler sicherlich eine Überforderung darstellen und dann demotivierend wirken. Hier würde es sich anbieten, Textpassagen auf Deutsch zu verwenden und diese dann zuordnen zu lassen.
- Es kann von den Schülern nicht erwartet werden, dass sie eine kunsthistorische Interpretation liefern. Interessierte Schüler könnte man aber mit entsprechenden Informationen versorgen (z. B. Lars Olof Larsson: „Antike Mythen in der Kunst – 1000 Meisterwerke", Stuttgart: Reclam 2009), damit sie tiefer in die Materie einsteigen können.

Analoge Alternative

Mit einem qualitativ hochwertigen Ausdruck der Bilder kann diese Idee auch analog sinnvoll im Unterricht eingesetzt werden. Die Beschriftungen erfolgen von Hand.

Beispiele und Infoseite

- Vergleich von Original und Rezeptionsdokument:
  https://www.latein-unterrichten.de/fileadmin/content/fachdidaktik/rezeptionsdokumente/Beispiel-fuer-schueler.pdf [1]
- Unterrichtseinheit zum Text-Bild-Vergleich:
  http://www.pegasus-onlinezeitschrift.de/alte_seite/erga22002manseck.htm [2]
- Allgemeine Informationen zu Rezeptionsdokumenten:
  https://www.latein-unterrichten.de/fach-didaktik/rezeptionsdokumente/ [3]

[1]

[2]

[3]

2.5 Exkursionen vorbereiten

Klasse 7–13

 1–2 Wochen

 Erarbeitung / Projekt

 Antike Kultur erfahrbar machen

Beschreibung

Die Schüler verschaffen sich zur Vorbereitung auf eine Exkursion einen Überblick über das Gelände bzw. das Museum, das besucht werden soll. Dazu machen sie z. B. von einer Online-Anwendung, wie Google® Street View, Google® Earth oder Karten (Mac®), Gebrauch. Manche Programme bieten sogar 3D-Ansichten von Gebäuden und Plätzen. Hier kann man besondere Gebäude von außen und sogar von innen besichtigen. Größere Bauwerke, wie z. B. der Limes, lassen sich mit Kartenprogrammen am Computer nachvollziehen und erwachen so wieder zum Leben.

Auch viele Museen haben heutzutage digitale Angebote, die eine Vorbereitung auf einen Besuch erleichtern und Motivation erzeugen. So verfügt z. B. die Universität Würzburg über eine umfangreiche digitale Münzsammlung, die Zugang zu zahlreichen Dokumenten der Zeitgeschichte bietet:
http://www.nomisma.museum.uni-wuerzburg.de/home?lang=de [1]

Manche Museen gehen den Weg, über digitale Apps die Besucherzahlen zu erhöhen. Ein Beispiel ist die App der Staatlichen Antikensammlungen in München, die neben Informationen zu den unterschiedlichen Häusern auch einen Überblick über die aktuellen Ausstellungen bietet:
https://www.antike-am-koenigsplatz.mwn.de [2]

Diese Angebote kann man sehr gut zur Vorbereitung auf eine Exkursion nutzen. In Zukunft werden die Museen und andere Exkursionsorte mit Sicherheit weitere digitale Angebote im Internet oder über Apps zur Verfügung stellen.

Benötigte Materialien und technische Voraussetzungen

- Tablet oder Computer mit Internetzugang pro Kleingruppe

Ablauf und Methode an einem konkreten Beispiel

- Setting: Exkursion zum Römermuseum Schwarzenacker (Saarland)
- Vorbereitung: Der Lehrer muss sich im Vorfeld um die Organisation der Exkursion kümmern. Da sich bei dem Museum viel im Freien abspielt, sollte man einen Termin in der wärmeren Jahreszeit auswählen. Natürlich sollte man je nach Klassengröße noch für weitere Begleitpersonen sorgen.
- Die Schüler bereiten sich in der Schule auf die Exkursion vor. Dafür werden sie in Kleingruppen unterteilt.
- Jede Gruppe verschafft sich einen Überblick über das Gelände des Römermuseums. Dafür nutzen sie die Webseite des Museums und anschließend entsprechende Karten-Apps bzw. -programme. Es geht bei diesem Arbeitsschritt nicht nur um das Gelände des Museums an sich, sondern auch um die nähere bzw. weitere Umgebung. Die Aufgabe besteht in dieser Phase vor allem darin, mithilfe der digitalen Karten herauszufinden, warum in Schwarzenacker eine römische Siedlung entstehen konnte. Die Schüler notieren ihre Ergebnisse in einem eigenen Dokument.
- In einer zweiten Phase wird arbeitsteilig vorgegangen. Das Museum bietet mehrere Anknüpfungspunkte bzw. Themen, die die Schüler bearbeiten können:
  - Stadtplanung
  - *tabernae* (Wirtshäuser)
  - Hypokaustenheizung

- Götter
- Römer und Kelten
- Jupitergigantensäule

- Jeder Gruppe wird ein Thema zugeteilt.
- Die Schüler recherchieren nun im Internet zu ihrem Thema und bereiten einen Vortrag vor, den sie dann bei der Exkursion vor ihren Mitschülern halten.
- Ihr Vortrag soll auch auf jeden Fall schriftlich in einem Handout dokumentiert werden, das allen Schülern analog oder (besser noch) digital zur Verfügung gestellt wird.
- Wenn das Elterneinverständnis vorher eingeholt wurde, kann man auch an eine Fotodokumentation denken. Als Fotografen können der Lehrer oder auch einzelne Schüler eingesetzt werden. Zusammen mit den Handouts der einzelnen Gruppen kann so eine ausführliche Exkursionsdokumentation entstehen, die dann ausgedruckt oder als E-Book öffentlich gemacht werden kann.

Analoge Alternative

Die Vorbereitung einer Exkursion kann auch mit analogen Hilfsmitteln gelingen. Es müssen dazu lediglich entsprechende Karten und entsprechendes Informationsmaterial besorgt und den Schülern zur Verfügung gestellt werden.

Mögliche Fallstricke und Tipps

- Es hat sich gezeigt, dass eine ausführliche Vorbereitung den Besuch eines Museums wesentlich erleichtert. Die Schüler sind schon mit den Themen vertraut und können sich so besser darauf einlassen. Sie erkennen Bekanntes wieder und können als Experten für ihre Mitschüler auftreten.
- Je nach Klassengröße bietet es sich an, die Schüler vor Ort noch einmal aufzuteilen und den Gang durchs Ausstellungsgelände in kleineren Gruppen (10–15 Schüler) zu unternehmen.
- Die Vorbereitung einer solchen Exkursion bedarf eines enormen Aufwandes. Am besten sollte man als Lehrer im Team arbeiten, um sich die Aufgaben zu teilen.

Materialhinweise und Infoseiten

- Übersicht über die wichtigsten antiken Gebäude in Rom:
  http://www.digitales-forum-romanum.de/gebaeudeliste/
- Animiertes Video von Rom im Jahre 320 n. Chr.:
  https://www.youtube.com/watch?v=vrlEwjgfbYs&t=47s
- Digitaler Katalog der Vatikanischen Museen (Englisch):
  https://catalogo.museivaticani.va/opere/

2.6 Digitale Karten nutzen

Klasse 5–13

 90 Minuten

 Erarbeitung

 Antike Kultur erfahrbar machen

Beschreibung

Musste man früher aufwendig mit Atlanten und unübersichtlichen Karten hantieren, kann man heutzutage diese Arbeit am Computer oder Tablet erledigen und dabei sogar mit manchen ⇨ Tools eine virtuelle Reise in die Antike unternehmen.
Die Schüler nutzen dazu verschiedene Apps und Programme, die zumeist kostenlosen Zugang bieten. Ziel der Arbeit mit digitalen Karten soll es sein, Wege und Reiserouten der Antike (sei es im historischen oder auch mythischen Bereich) nachzuvollziehen und sich besser vorstellen zu können. Man denke nur an Hannibals Weg von Spanien über Südfrankreich und die Alpen in die Po-Ebene. Oder auch Aeneas' Flucht übers Mittelmeer von Troja über die nordafrikanische Küste nach Italien. Darüber hinaus finden sich selbstredend noch zahlreiche weitere antike Reiserouten, die mit digitalen Karten wieder zum Leben erweckt werden können. Zudem lassen sich auch andere interessante Themen mithilfe von digitalen Karten bearbeiten, z. B. der ursprüngliche Verlauf des Limes.

Benötigte Materialien und technische Voraussetzungen

- Tablet oder Computer mit Internetzugang pro Schüler
- Zugang zu Apps oder Webseiten, wie Google® Maps, Google® Earth, Karten (iOS®), Orbis etc.

Ablauf und Methode an einem konkreten Beispiel

- Setting: Hannibals Weg von Spanien über die Alpen nach Italien
- Vorbereitung: Im Unterricht wurde Hannibals Weg nach Italien mithilfe eines Lektionstextes oder auch der Hannibal-Vita von Cornelius Nepos ausführlich behandelt und besprochen.
- Es wurde in der Unterrichtseinheit großen Wert auf geografische Genauigkeit gelegt, vor allem bei der Alpenüberquerung. Bis heute lässt sich nur vermuten, welchen Pass Hannibal tatsächlich genutzt hat, um dieses natürliche Hindernis zu überwinden.
- Durch Auswertung der Quellen vollziehen die Schüler die Route Hannibals von Sagunt (Spanien) über die Pyrenäen und Südfrankreich bis zum Fuße der Alpen nach und erarbeiten eine genaue Streckenbeschreibung mit detaillierten Kilometerangaben.
- Um die ungefähre Dauer des Weges zu bestimmen, nutzen die Schüler einen aktuellen Routenplaner, den die meisten digitalen Karten integriert haben. Wenn die Klasse diesen Schritt gegangen ist, geht es nun daran, die Dauer des Weges in der Antike mit der heutigen Zeit zu vergleichen. Hierbei müssen jedoch auch natürliche Hindernisse wie Flüsse mit einbezogen werden.
- In einem nächsten Schritt prüfen die Schüler nun mögliche Wege über die Alpen in die Po-Ebene. Neben den Karten-Programmen können sie auch Informationen aus dem Internet zu Rate ziehen. Beispiele:
    - https://de.m.wikipedia.org/wiki/Hannibals_Alpenüberquerung [1]
    - https://www.welt.de/geschichte/article154957644/So-gelang-Hannibal-der-Zug-ueber-die-Alpen.html [2]
- Nach der Auswertung der Informationen sollen sich die Schüler nun auf einen Weg durch die Alpen festlegen, die Dauer des Marsches einschätzen und diesen wiederum mit einer aktuellen Reisedauer vergleichen.

- Am Ende der Arbeit soll so eine vollständige Wegbeschreibung entstehen, die mit einer entsprechenden Reise in der heutigen Zeit verglichen werden soll.
Zum Abschluss wäre es denkbar, den antiken Routenplaner Orbis (*http://orbis.stanford.edu*), der an der Universität Stanford entwickelt wurde, einzusetzen, um so die Einschätzung der Schüler besser bewerten zu können.

Mögliche Fallstricke und Tipps

- Der Umgang mit digitalen Karten sollte für unsere Schüler kein Neuland sein. Mit einem antiken Planer zu arbeiten, eventuell schon. Hierbei ist darauf zu achten, dass die Voreinstellungen so angepasst werden, dass sie möglichst genau Hannibals Situation entsprechen.
- Hannibals Überquerung der Rhone auf seinem Weg nach Italien war eine weitere logistische Meisterleistung des karthagischen Feldherrn. Wie lange er gebraucht hat, um sein gesamtes Heer mit den Kriegselefanten zu übersetzen, wird für die Schüler schwer einzuschätzen sein. Je nach Zeitbedarf kann man hier die Dauer vorgeben oder Dokumentationsvideos (siehe „Materialhinweise") zum Einsatz bringen, die eine realistischere Einschätzung ermöglichen.

Analoge Alternative

Mit Atlanten, die auch historische Gegebenheiten berücksichtigen, können die antiken Reiserouten nachvollzogen werden.

Materialhinweise

- Dokumentationsvideo über Hannibal:
https://www.zdf.de/dokumentation/terra-x/die-hannibal-expedition-100.html 3
- Pedro Barceló: Hannibal, Hamburg 2007

1

2

3

2.7 Einen virtuellen Museumsrundgang erstellen

Klasse 9–13

 2–3 Wochen

 Erarbeitung / Projekt

 Antike Kultur erfahrbar machen

Beschreibung

Die Schüler erstellen mithilfe von Bildern und kurzen Texten zur Erläuterung zu einem bestimmten Thema eine kleine digitale „Ausstellung", die dann in der Klasse oder in einem größeren Rahmen präsentiert werden kann. Dabei ist auch auf eine Art „Ausstellungsarchitektur" zu achten, um den logischen Aufbau des Rundgangs nachvollziehen zu können. Es können Bilder von unterschiedlichen Kunstwerken (Gemälde, Statuen, Büsten, Münzen etc.) für die Zusammenstellung genutzt werden.

Benötigte Materialien und technische Voraussetzungen

- Computer oder Tablet mit Internetzugang pro Kleingruppe
- Drucker oder Online-Plattform zum Verteilen der Materialien

Ablauf und Methode an einem konkreten Beispiel

- **Setting:** Virtuelle Ausstellung über die Kaiser Augustus, Tiberius und Nero
- **Vorbereitung:** Viel Vorbereitung ist für dieses Projekt nicht notwendig, da die Schüler sich alles selbst erarbeiten können. Als Lehrer sollte man jedoch vor Beginn der Projektphase die Internetquellen zumindest grob sichten, um den Schülern bei Bedarf unter die Arme greifen zu können. Was den Schülern auf jeden Fall von Lehrerseite zur Verfügung gestellt werden soll, sind die entsprechenden lateinischen Texte. Hierbei kann man auf die Kaiserviten von Sueton zurückgreifen, die alle wichtigen Informationen zu den genannten Kaisern bieten.
- Die Klasse wird in drei Gruppen unterteilt. Jede Gruppe bekommt einen Kaiser zugeteilt.
- Innerhalb der Gruppen werden nun verschiedene Aufgaben verteilt. Einige Schüler kümmern sich um passende Bilder, weitere um die Biografie, wieder andere um einen passenden Textabschnitt aus den vorgelegten Sueton-Texten.
- Die Bildergruppe sucht vor allem nach Bildern von Büsten der Kaiser, aber auch nach Bildern von wichtigen Gebäuden oder Karten, die sich in die Ausstellung integrieren lassen. Wichtig ist hierbei, dass auf das Urheberrecht geachtet wird.
- Die Gruppe, die sich um wichtige Daten und Ereignisse im Leben des Kaisers kümmert, entscheidet selbstständig, wie sie die gesammelten Informationen aufbereiten will. Ob sie diese tabellarisch darstellt oder sich wichtige Ereignisse herausgreift und diese vertieft behandelt, ist ihr selbst überlassen. Diese Gruppe sollte jedoch immer Kontakt zur Bildergruppe halten, damit sich Texte und Bilder ergänzen können.
- Die Gruppe, die sich mit den Originaltexten befasst, bekommt den lateinischen Text (eventuell mit einer deutschen Übersetzung) oder einen zugeschnittenen Textabschnitt. Auch in dieser Gruppe kann der Umgang mit den Texten offen gestaltet werden. Sie kann aussagekräftige Zitate oder kurze Episoden auswählen, um den Charakter des jeweiligen Kaisers darzustellen. Wenn sich die Gruppe entscheidet, ganze Textabschnitte einzusetzen, sollte darauf geachtet werden, dass die Schüler sich zwar an der angebotenen Übersetzung orientieren, trotzdem aber eine eigene Übersetzung des Abschnittes anfertigen.
- Im Laufe der Gruppenarbeit sollten immer wieder Zeiten vereinbart werden, zu denen sich die gesamte Kaisergruppe trifft, um den jeweiligen Arbeitsfortschritt zu besprechen und eventuell anzupassen. Diese Treffen sind besonders wichtig, damit die Gruppen nicht aneinander vorbei arbeiten.

- Am Ende der Arbeitsphase werden die Bilder und Texte zusammengefügt. Dafür eignen sich am besten Textverarbeitungsprogramme (z. B. Word). Die Schüler gestalten ihre Dokumente mit besonderen Schriftarten und Verzierungen. Sind alle Dokumente fertiggestellt, wird in einer letzten Diskussionsrunde darüber gesprochen, in welcher Reihenfolge und Ordnung diese organisiert werden sollen.
- Für die Zusammenführung der Schülerergebnisse bietet es sich an, einen Online-Marktplatz zu kreieren. Eine Möglichkeit wäre, Cloudlösungen wie Google® Docs einzusetzen. Google® Docs ist deshalb zu empfehlen, da man nicht notwendigerweise Schüleraccounts erstellen muss. Es genügt, wenn der Lehrer einen Account hat, allen den Zugriff gestattet und der Klasse den Link zur Seite zukommen lässt. Die Schüler können mit Google® Docs ihre Dokumente einstellen und bearbeiten. Es ist sogar möglich, dass mehrere Schüler parallel und gleichzeitig an einem Dokument arbeiten. Die Dokumente werden permanent aktualisiert und als Lehrperson lassen sich alle Änderungen ständig mitverfolgen.
- Unabhängig davon, ob die Ergebnisse ausgedruckt und in einem Ausstellungsraum ausgehängt werden, erstellt jede Gruppe aus ihrer Arbeit einen Ausstellungsreader, der als PDF dem Lehrer zur Verfügung gestellt wird. Der Reader kann auch dazu dienen, die Gruppenarbeit zu bewerten.

Mögliche Fallstricke und Tipps

- Die Frage der Gruppeneinteilung ist bei diesem Projekt heikel, da die einzelnen Mitglieder gut miteinander kommunizieren müssen, um erfolgreich und zielgerichtet zu arbeiten.
- Für manche Klassen kann es sinnvoll sein, einen konkreten Zeitplan mit festen Zeiten zu erstellen.
- Die Ausstellung kann natürlich auch online präsentiert werden. Dafür eignet sich am besten die Einrichtung eines Blogs (z. B. bei *https://de.wordpress.com/create-blog/*). Hierbei muss natürlich das Urheberrecht beachtet werden.

Analoge Alternative

Der Lehrer kann den Schülern Kopien von Bildern (Büsten, Gebäude, Orte) zur Verfügung stellen. Diese können nun von den Schülern mit handschriftlichen Informationen ergänzt werden, die vorher in analogen Quellen recherchiert wurden.

Beispiele

- Leitfaden für Lehrer über die Gestaltung einer Ausstellung mit Schülern:
  https://www.hdbg.eu/linkkatalog/schulprojekte
- Online-Ausstellung der Max-Planck-Gesellschaft:
  https://www.mpg.de/de/bilder-aus-der-wissenschaft
- Online-Ausstellung der Universität Bochum:
  https://www.ruhr-uni-bochum.de/althist/muenz/Ausstellung.html

2.8 Antike Inhalte in Filmen bewerten

Klasse 9–13

 2–4 Unterrichtsstunden

 Vertiefung / Projekt

 Antike Kultur erfahrbar machen

Beschreibung

Die Antike ist stets aktuell. Das zeigt sich daran, dass immer wieder auch in der jüngsten Vergangenheit große und aufwendige TV- und Kino-Produktionen zu antiken Inhalten erschienen sind.
Die Schüler sollen nach einer Quellensichtung die filmische Umsetzung kritisch hinterfragen und mit den Originaltexten vergleichen. Als Ergebnis soll eine Art ⇨ Blog-Beitrag oder eine Rezension entstehen. Diese Beiträge könnten in eine Art Reihe unter der Überschrift „Antike im Film" aufgenommen werden.

Benötigte Materialien und technische Voraussetzungen

- Computer oder Tablet pro Kleingruppe
- Film mit antiken Inhalten und Abspielmöglichkeit

Ablauf und Methode an einem konkreten Beispiel

- Setting: Vergleich Film „Troja" (Wolfgang Petersen 2004) mit Vergil, Aeneis (Buch 2)
- Vorbereitung: Im Unterricht wurde das Buch 2 der Aeneis behandelt. Dabei wurden vor allem die Stellen des Buches, die für den Film relevant sind, näher betrachtet (Laokoon, Sinon, das trojanische Pferd, der Angriff der Griechen, Aeneas' Flucht aus Troja).
- Die Schüler erstellen eine tabellarische Übersicht der im Unterricht behandelten Textstellen und bilden somit den Inhalt ab. Idealerweise werden auch lateinische Textstellen hinzugezogen.
- Nun werden Kleingruppen gebildet.
- Um Zeit zu sparen, sollte den Schülern eine inhaltliche Zusammenfassung des Films bis zum Auffinden des Holzpferdes am Strand zur Verfügung gestellt werden. Die Schüler schauen sich nun den Film ab diesem Zeitpunkt bis zum Ende an und notieren sich Übereinstimmungen und Unterschiede zum Aeneis-Text. Dabei sollen sie so detailliert wie möglich vorgehen. Nach Zusammenstellung der Gemeinsamkeiten und Unterschiede geht es an die Erstellung eines Beitrags zur Reihe „Antike im Film".
- Es ist natürlich auch denkbar, anstatt eines Blog-Beitrags den Vergleich in einer Präsentation darzustellen und die Klasse daran teilhaben zu lassen. Letzteres bietet die Möglichkeit, mehrere Filme parallel zu behandeln und so mehr Text abzudecken. Die Vorarbeit wäre entsprechend aufwendiger. Dieses Projekt könnte dann nicht in eine Unterrichtseinheit integriert, sondern müsste als eigenständiges Projekt durchgeführt werden.

- Übersicht über mögliche Filme, die in Frage kommen:

Film / Serie	Text
Troja (Wolfgang Petersen 2004)	Vergil, Aeneis Buch 2
Alexander (Oliver Stone 2004)	Curtius Rufus, Historiae Alexandri Magni
Julius Caesar (Uli Edel 2002)	C. Iulius Caesar, Bellum Gallicum C. Iulius Caesar, Bellum Civile Eutropius, Breviarium ab urbe condita
Quo vadis? (Mervyn LeRoy 1951)	Tacitus, Annales Sueton, Nero
Rom (Home Box Office 2005)	C. Iulius Caesar, Bellum Civile M. Tullius Cicero, Philippicae Augustus, Res gestae Sueton, Caesar / Augustus
Gladiator (Ridley Scott 2000)	Historia Augusta, Marcus Aurelius

Mögliche Fallstricke und Tipps

- Es ist auf jeden Fall sinnvoll, die filmischen Sequenzen in einem überschaubaren Rahmen zu halten. Einige der oben aufgeführten Beispiele haben Überlänge und benötigen zu viel Zeit, um sie komplett anzuschauen.

Analoge Alternative

Wenn man auf eine digitale Umsetzung der Schülerergebnisse verzichten will, können diese auch schriftlich angefertigt und in einer Präsentation mithilfe von Folien der Klasse weitergegeben werden.

Beispiele und Infoseiten

- Informationen zum Film „Troja":
  https://de.wikipedia.org/wiki/Troja_(Film) [1]
- Liste von Filmen mit Antikebezug:
  https://www.stern.de/kultur/film/1914-bis-heute-antike-filme-im-ueberblick-3072144.html [2]
- Der Altsprachliche Unterricht 1 / 2005: Antike im Film

1

2

2.9 Internetvideos nutzen und erstellen

 4–6 Unterrichtsstunden

 Vertiefung / Projekt

 Antike Kultur erfahrbar machen

Beschreibung

Das Internet ist voll von Videos über die Antike. Fündig wird man z. B. auf YouTube®, aber auch auf anderen Seiten. Über die Plattform *www.planet-schule.de* können beispielsweise verschiedene Videos über die Antike abgerufen und zum Teil auch heruntergeladen werden. Man findet dort über 20 kurze Filme (3–15 Minuten), die zahlreiche Bereiche des römischen Lebens abdecken. Die Reihe „Experimentum Romanum" liefert Dokumentationen über bestimmte Themen der römischen Antike, z. B. über das Leben in einer römischen Stadt, über römisches Essen u. v. m. Die Videos haben die Besonderheit, dass sie einerseits aktuelle Themen der Forschung miteinbeziehen und andererseits Kommentare in einfacher und leicht verständlicher lateinischer Sprache beinhalten. Optional lassen sich deutsche Untertitel einblenden.
Die Ergebnisse dieser Reihe werden dann für die Erstellung kürzerer YouTube®-Videos genutzt.

Benötigte Materialien und technische Voraussetzungen

- Computer oder Tablet mit Internetzugang pro Schüler / Kleingruppe
- evtl. Tablet, Smartphone oder Kamera pro Schüler / Kleingruppe

Ablauf und Methode an einem konkreten Beispiel

Beispiel 1:
- Die Schüler schauen sich allein oder in Kleingruppen ein Video der Reihe „Experimentum Romanum" an.
- Sie notieren dabei die Informationen, die sie aus den lateinischen Kommentaren exzerpieren können. Bei Verständnisschwierigkeiten können die Videos immer gestoppt werden. Zusätzlich steht den Schülern auch noch die Untertitel-Funktion zur Verfügung.
- Am Ende sollten die Schüler eine Art Synchronübersetzung herstellen, die sie dann für ihre Präsentation nutzen können.
- Die Präsentation kann durch ein anderes Medium (PowerPoint, Plakat etc.) unterstützt werden, um die Informationen der Videos möglichst kompakt darzustellen.
- Das Video wird gemeinsam mit der Klasse geschaut und von der entsprechenden Gruppe kommentiert.

Beispiel 2:
- Die Schüler schauen sich allein oder in Kleingruppen ein Video der Reihe „Experimentum Romanum" an.
- Sie erstellen wie bei Beispiel 1 eine Art Synchronübersetzung der lateinischen Kommentare.
- In einem nächsten Schritt suchen sich die Schüler ein eigenes (oder vorgegebenes) Thema, das sie in einem kurzen YouTube®-Video kreativ bearbeiten sollen. Vorlage sind hierfür die Videos der Reihe „Experimentum Romanum".
- Bei der Erstellung des Videos werden zuerst deutsche Kommentare formuliert und anschließend ins Lateinische übertragen. Hierbei sollte darauf geachtet werden, dass die lateinischen Sätze möglichst einfach und leicht verständlich gestaltet werden.

Beispiel 3:
- Die Schüler durchsuchen YouTube® nach Videos zur römischen Antike.
- Der Lehrer gibt vor, welche Kanäle verwendet werden dürfen (z. B. Terra X, Wissen macht Ah, Checker Welt).
- Die Schüler schauen sich ein entsprechendes Video an und notieren sich die wichtigsten Fakten bzw. Informationen.

Mögliche Fallstricke und Tipps

Es ist ziemlich wahrscheinlich, dass einige Schülergruppen schon beim Schauen der Videos frustriert sind, da sie den lateinischen Kommentaren nicht folgen können. Das liegt an zwei Gründen:
- Einerseits an der für sie ungewohnten Darbietung. Im normalen Unterricht haben die Schüler einen lateinischen Text vor sich, den sie sich so oft sie wollen anschauen können. Der gesprochene Text der Videos liegt ihnen nicht vor. Dem kann man entgegenwirken, indem man sich die Mühe macht, die lateinischen Kommentare (am besten mit der entsprechenden Zeitangabe) zu verschriftlichen und den Schülern als Hilfe beizugeben.
- Andererseits kann es sein, dass der Wortschatz der Schüler für eine korrekte Synchronisation der Kommentare nicht ausreicht bzw. nicht ganz kompatibel ist. Hier wäre es denkbar, zu jedem Video passende Wörterlisten anzubieten, die den Schülern den Zugang zum Video erleichtern.

Analoge Alternative

Wie schon erwähnt, ist es natürlich denkbar, die Inhalte der Videos als Referat wiedergeben zu lassen. Als unterstützendes Medium ist wohl gerade bei den jüngeren Klassenstufen (5–7) ein Plakat die beste Wahl.

Materialhinweise

- YouTube®-Kanal „Terra X":
  https://www.youtube.com/channel/UCA3mpqm67CpJ13YfA8qAnow
- YouTube®-Kanal „Wissen macht Ah":
  https://www.youtube.com/user/WissenMachtAhChannel
- YouTube®-Kanal „Checker Welt":
  https://www.youtube.com/channel/UCQtsd17U8NOM1VRI8oxdwiQ
- Video *„De cibo Romanorum"* (Experimentum Romanum):
  https://www.planet-schule.de/sf/filme-online.php?reihe=1413&film=9728
- Video *„De gladiatoribus"* (Experimentum Romanum):
  https://www.planet-schule.de/sf/filme-online.php?reihe=1185&film=8840
- Video „Was ist eine *Villa Rustica*?":
  https://www.planet-schule.de/sf/filme-online.php?reihe=1413&film=9729

2.10 Lexikoneinträge (Wikis) verfassen

Klasse 7–13

 2–4 Unterrichtsstunden

 Vertiefung / Projekt

 Antike Kultur erfahrbar machen

Beschreibung

Die Schüler arbeiten sich in ein oder mehrere Themen ein und erstellen dazu einen oder auch diverse Einträge in einem Wiki. Diese sollten so zugänglich gemacht werden, dass sie allen Mitschülern zur Verfügung stehen. Je nach Qualität der Einträge ist auch an eine Veröffentlichung auf der Schulhomepage zu denken.

Benötigte Materialien und technische Voraussetzungen

- Computer oder Tablet mit Internetzugang pro Kleingruppe
- weitere Literatur zu den ausgewählten Themen
- Lehreraccount und Schüleraccounts

Ablauf und Methode an einem konkreten Beispiel

- Vorbereitung:
    - Legen Sie auf http://projektwiki.zum.de/wiki/Hauptseite ein Benutzerkonto an.
    - Lesen Sie die Informationen bzw. sehen Sie sich das zugehörige Video an.
    - Drucken Sie die „Verträge" aus, die die Schüler unterschreiben sollen, damit ein genaues und vertrauensvolles Arbeiten gesichert werden kann.
    - Informieren Sie u. U. die Erziehungsberechtigten mit dem beiliegenden Elternbrief.
    - Legen Sie Accounts für die Schüler an, nachdem Sie durch den Support der Seite Administrationsrechte erlangt haben.
- Setting: Cicero, *orationes Philippicae*
- Die Philippischen Reden Ciceros wurden in einer äußerst prekären Zeit des Römischen Reichs gehalten. Gleich mehrere Personen streben an die Macht und wollen die Republik untergraben, um sich selbst in Stellung zu bringen. Da es immer wieder auch zu einem Wechselspiel kommt und Feindschaften gegen Bündnisse eingetauscht werden, kann es für die Schüler zeitweise schwierig sein, den Überblick zu behalten. Deshalb sollen Informationen über die wichtigsten Personen schon vorweg erarbeitet und für die spätere Arbeit zur Verfügung gestellt werden.
- Zu Beginn der Unterrichtseinheit gibt der Lehrer eine Übersicht mit allen wichtigen Personen (Cicero, Oktavian, Antonius, Dolabella, Caesar usw.) dieser Zeit aus. Diese wird auch digital gespeichert und mit Hyperlinks oder ⇨ QR-Codes® versehen (QR-Codes® lassen sich sehr leicht erstellen. Es gibt sowohl Webseiten, z. B. http://www.qrcode-generator.de, als auch Apps, die die Umwandlung einer Internetadresse in einen Code anbieten).
- Mittels eines kurzen Lehrervortrags wird erläutert, wie es dazu kam, dass Cicero die Reden hielt und welche historischen Ereignisse vorausgingen. Die Recherche zu den Ereignissen nach Caesars Ermordung kann natürlich alternativ auch in die Hände der Schüler gegeben werden.
- Der Lehrer führt in das Wiki ein. Die Schüler sollten Zeit haben, sich einzufinden und auszuprobieren, einen Artikel anzulegen, einen Link zu setzen oder ein Bild einzufügen.
- Sobald die ersten Grundlagen vorhanden sind, können die Schüler selbstständig an dem Wiki arbeiten.
- Die Klasse wird in Kleingruppen unterteilt und mit unterschiedlichen Themen versorgt. Je nach Klassen- bzw. Gruppengröße beschäftigen sich die Schüler mit einer Person oder mehreren.

- Die Schüler sollten sich im Deutschunterricht schon einmal mit dem Thema „Lexikonartikel verfassen" auseinandergesetzt haben. Falls dem nicht so ist, kann man ein Informationsblatt zur Verfügung stellen, das die Vorgehensweise für die Arbeit erklärt.
- Die Schüler sammeln nun Informationen zu ihren Personen und erstellen einen digitalen Lexikoneintrag, den sie auch mit dem Hauptdokument verknüpfen.
- Dabei können sich die Schüler auch an den Einträgen der freien Enzyklopädien wie Wikipedia® orientieren und passende Bilder, Diagramme oder auch Übersichten einfügen.
- Ebenso ist es möglich, Links in den Artikel einzubauen, die entweder direkte interne oder auch externe Verweise auf zusätzliche Informationen enthalten.
- Nach mehreren Korrekturschleifen werden die Einträge in der Klassengruppe (Tauschlaufwerk oder Moodle) veröffentlicht und können für die Arbeit am Text dann weiterverwendet werden.
- Am Ende sollte in der Klasse ein Gesamtbild der persönlichen Verbindungen der Protagonisten entstehen, damit die Schüler während der Lektüre genau einschätzen können, welche Person auf welcher Seite steht und welche Funktion hat.

Mögliche Fallstricke und Tipps

- Um die Motivation zu steigern und die Arbeit zu erleichtern, könnte eine Vorlage für den Eintrag zur Verfügung gestellt werden, die alle Gruppen verwenden müssen.
- Bei der Recherche ist es wichtig, darauf zu achten, dass die Kleingruppen nicht einfach nach dem Muster ⇨ „Copy-Paste" vorgehen, sondern eigenständige Beiträge verfassen.
- Gerade wenn man diese Methode in der Oberstufe einsetzt, ist auf eine ordentliche Zitierweise und ein korrektes Quellenverzeichnis zu achten. Auch in der Mittelstufe sollte der Umgang mit Quellen nicht vernachlässigt werden.

Analoge Alternative

Die Erstellung eines handschriftlichen Artikels ist auch denkbar, setzt aber einen erheblichen Mehraufwand voraus.

Beispiel und Infoseiten

- Informationen zum Verfassen von Lexikonartikeln:
  - https://www.ccbuchner.de/_files_media/mediathek/downloads/1358.pdf [1]
  - http://dsb.zum.de/wiki/Deutsch/Lernpfad:_Materialgestütztes_Verfassen_eines_informierenden_Textes/Merkmale_eines_Lexikonartikels [2]
- Video über die Erstellung und Vermarktung eines Lexikons:
  https://www.youtube.com/watch?v=0k9JUMpmXw4 [3]

2.11 Online recherchieren

Klasse 6–10

 60–90 Minuten

 Erarbeitung

 Antike Kultur erfahrbar machen

Beschreibung

Recherche im Internet und eine kluge Bewertung von Webseiten sollten für Schüler zum Grundwerkzeug beim Umgang mit digitalen Medien gehören. Gerade deshalb ist es besonders wichtig, die Schüler zu einem vernünftigen Umgang mit den unzähligen Informationen zu erziehen, die sie im Internet finden. Haben die Jugendlichen heutzutage unbegrenzten Zugang zu allem, was sie wissen wollen, besteht die Schwierigkeit darin, die vertrauenswürdigen und sinnvollen Quellen herauszufiltern.

Bei dieser Idee geht es darum, an einem konkreten Thema die Internetrecherche zu präzisieren und Online-Quellen richtig zu bewerten.

Benötigte Materialien und technische Voraussetzungen

- Computer oder Tablet mit Internetzugang pro Kleingruppe

Ablauf und Methode an einem konkreten Beispiel

- Setting: Recherche zur Varusschlacht
- Der Arbeitsauftrag besteht für die Schüler darin, ein Handout zur Varusschlacht mit Bildern und Texten zu gestalten. Die Vorgabe ist darüber hinaus, mindestens fünf verlässliche Quellen anzugeben. Zu Beginn werden Kleingruppen von bis zu vier Schülern gebildet.
- Zuerst müssen die Schüler für eine sichere Suche im Internet sensibilisiert werden. Dafür eignen sich die einschlägigen Suchmaschinen für Kinder und Jugendliche, die auf den Standardseiten für die Medienerziehung empfohlen werden,
z. B. *https://www.schau-hin.info* [1]
oder *https://www.klicksafe.de*. [2]
Dieser Schritt könnte durch eine Hausaufgabe oder mit einem zusammenfassenden Arbeitsblatt vorentlastet werden.
- Um den Einstieg in die Arbeitsphase zu erleichtern, bietet es sich an, einige Suchmaschinen vorzugeben, die auf den oben genannten Seiten als sicher und sinnvoll vorgeschlagen werden (siehe „Beispiele").
- Man sollte darauf achten, dass das Handout gegliedert ist und alle wichtigen Informationen prägnant zusammengefasst sind. Die Schwerpunkte sollten auf den beteiligten Personen (Varus, Arminius), dem möglichen Ablauf der Schlacht und einer versuchsweisen Lokalisation des Kampfgeschehens liegen.
- Es sollte gewährleistet werden, dass die Schüler auf jeden Fall weitere eigene Quellen zu Rate ziehen, um ihre Recherche abzuschließen.
- Die Prüfung dieser Quellen sollte in Schülerhand gelegt werden. Die Kleingruppen sollten sich nach der Recherchearbeit gegenseitig ihre Quellen vorstellen und in eine kurze Diskussion über deren Seriosität und Nutzen einsteigen. Dabei sollten vorab einige Kriterien festgelegt werden (z. B. Anbieter, Aktualität, zentrale Informationen etc.).
- In einer weiteren Arbeitsphase werden die Handouts fertiggestellt, die Quellenverzeichnisse gegebenenfalls noch einmal überarbeitet und abschließend auf einer Online-Plattform (z. B. dem Tauschverzeichnis der Schule) zur weiteren Verwendung abgelegt.

- Zur Ergebnissicherung sollten mehrere Handouts unter besonderer Berücksichtigung der Internetquellen in der Gesamtklasse vorgestellt und besprochen werden.

Mögliche Fallstricke und Tipps

- Grundsätzlich ist es nicht immer einfach, die Qualität von Internetseiten objektiv zu bewerten. Jedoch sollten die Schüler schon in Sekundarstufe I an die kritische Auseinandersetzung mit dem Internet herangeführt werden.
- Dieser Prozess sollte natürlich nicht nur im Lateinunterricht angestoßen werden, sondern spiralcurricular in jeder Schule und in jedem Fach Anwendung finden.
- Je nach Altersstufe der Klassen können die Vorgaben immer weiter zurückgefahren werden, um die Schüler zunehmend an einen selbstständigen und vertrauensvollen Umgang mit dem Internet zu gewöhnen.

Analoge Alternative

Für die Arbeit mit Quellen ist natürlich die Auseinandersetzung mit Print-Ausgaben ähnlich sinnvoll. Schon in der Unterstufe sollte man über den Unterschied zwischen kindergerechten Bildbänden und einem historischen Werk reden.

Beispiele

Suchmaschinen für Schüler der Sekundarstufe I:
- Blinde Kuh:
  https://www.blinde-kuh.de/index.html
- fragFINN®:
  https://www.fragfinn.de
- Helles Köpfchen:
  https://www.helles-koepfchen.de

3.1 Interaktive Übungen erstellen und bearbeiten

Klasse 5–13

 2–4 Unterrichtsstunden

 Wiederholung / Übung / Anwendung

 Wortschatz und Grammatik visualisieren

Beschreibung

Der Web-Dienst LearningApps (*https://learningapps.org*) soll Möglichkeiten schaffen, um digitale Inhalte in spielerischer und leicht verständlicher Form in Unterrichtssequenzen einzubetten. Man kann auf bereits bestehende Angebote zurückgreifen oder selbst eigene erstellen. Bei den Aufgaben handelt es sich nicht um tatsächliche Apps, die man sich z. B. auf sein Smartphone herunterladen kann, sondern eher um kleine Anwendungen, die man z. T. schon aus ⇨ Tools wie Hot Potatoes™ (*https://hotpot.uvic.ca*) kennt. Jedoch bietet LearningApps weit mehr. So lassen sich in die „Apps" auch Audio- und Videoinhalte integrieren.

Ein Vorteil der Seite ist das offene Konzept. Die Inhalte können geteilt und öffentlich gemacht werden, damit alle etwas davon haben. Man kann bestehende „Apps" verändern und seinen Bedürfnissen anpassen, aber auch eigene Programme zuerst in einem privaten Bereich testen, bevor man sie schließlich veröffentlicht. Für die Anmeldung ist eine Weitergabe von privaten Daten nicht notwendig, es genügen ein selbst gewählter Benutzername und ein Passwort.

Die interaktiven Übungen sind alle mit einem Weblink und einem QR-Code® versehen, sodass man sie ganz einfach zu Hause auf einem Computer, Tablet oder Smartphone bearbeiten kann. Sie lassen sich aber auch ohne Aufwand in eine bestehende Webseite (z. B. Schulhomepage) integrieren.

Benötigte Materialien und technische Voraussetzungen

- Tablet oder Computer mit Internetzugang pro Kleingruppe
- eventuell eigene Zugänge für die Schüler zu LearningApps

Ablauf und Methode an einem konkreten Beispiel

- Setting: Erstellung eigener „Apps" zum Wortschatz (z. B. Lektionen 1 bis 10 des Lehrbuchs)
- Aus didaktischer Sicht ist die Erstellung eigener „Apps" durch Schüler besonders interessant. So kann z. B. eine Unterrichtseinheit bzw. Lektion abgeschlossen werden.
- Vorbereitung: Der Lehrer legt im Vorfeld Schüler-Accounts an und stellt den Schülern z. B. per E-Mail oder Tafelanschrieb die Zugangsdaten bereit.
- Die Klasse wird in Kleingruppen (maximal zwei bis drei Schüler) unterteilt.
- Vom Lehrer werden die Templates (Übungsformate) vorgegeben, die von den Schülern ausgewählt werden können. In diesem Beispiel sind dies die Formate „Paare zuordnen", „Gruppenzuordnung", „Multiple-Choice-Quiz", „Kreuzworträtsel" und „Wortgitter".
- Die Schüler wählen sich ein Format und erstellen ihre eigene „App" zu den Vokabeln der Lektionen 1 bis 10. Auch hier kann man als Lehrer eine Vorgabe machen und z. B. die Anzahl der Vokabeln festlegen (z. B. 20 bis 25).
- Sehr wichtig bei der Arbeit mit der Seite LearningApps.org ist die Kontrolle nach Abschluss der Erstellungsphase. In jeder Kleingruppe sollten mindestens zwei Durchläufe gemacht werden, bei denen auf korrekte Rechtschreibung und richtige Bedeutungszuordnung geachtet wird. Das Programm selbst bietet nach jedem Bearbeitungsschritt immer auch eine Vorschau, die eine unkomplizierte Kontrolle ermöglicht.
- Nach Abschluss der Kontrollphase wird die „App" abgespeichert, der Link zur Übung und der entsprechende QR-Code® werden gesichert, sodass die Mitschüler und auch der Lehrer darauf

zugreifen können. Hierbei sollte darauf geachtet werden, dass das Feld „öffentliche App" aktiviert ist. Nur so kann die „App" von anderen entdeckt und bearbeitet werden.
- Anschließend bearbeiten die einzelnen Gruppen die „Apps" der anderen. Die Kontrolle erfolgt über die Feedbackmöglichkeiten der „Apps" selbst. Die direkte Rückmeldung jeder Übung ist eine der großen Stärken der Seite. Dadurch entfallen die doch bisweilen etwas lästigen Kontrollen der Aufgaben, die im Unterrichtsgeschehen ein regelrechter Zeitfresser sein können.

Mögliche Fallstricke und Tipps

- Für die Erstellung einfacher „Apps" (z. B. Zuordnungsübungen) genügt eine Doppelstunde, für komplexere (z. B. Übersetzungsaufgaben mit Lücken, Aufgaben zur Antiken Kultur mit Bildern) sollte man zwei bis drei Doppelstunden einplanen. Die Schüler können natürlich auch zu Hause an ihren eigenen Übungen weiterarbeiten.
- Gerade in der Unterstufe sollte man es sich ganz genau überlegen, ob man die Erstellung eigener „Apps" in Schülerhand geben will. In dieser Phase bietet es sich für den Lehrer an, selbst aktiv und kreativ zu werden. Um eine einfache Zuordnungsübung mit ca. zwölf Paaren zu erstellen, benötigt man nicht mehr als zehn Minuten. Gestaltet man eine Übung zur Textarbeit (z. B. eine Lückenübersetzung) oder will man Bilder bzw. Videos einfügen, kann sich die Bearbeitungszeit erhöhen. Bei der Erstellung von „Apps", bei denen die Schüler selbst etwas eintragen sollen, muss man darauf achten, dass die Antwort eindeutig ist. Eine andere Möglichkeit wäre es, mehrere Alternativlösungen anzubieten, aus denen die Schüler dann die richtige auswählen.

Analoge Alternative

Manche Übungsformen lassen sich auch analog umsetzen. Die Schüler können ein Quiz, ein Zuordnungsspiel oder auch einen Lückentext selbst erstellen.

Beispiele

- Wortschatz:
  https://learningapps.org/603453
- Syntax:
  https://learningapps.org/2464985
- Formen:
  https://learningapps.org/3463933
- Text:
  https://learningapps.org/4090014
- Antike Kultur:
  https://learningapps.org/1911166

1   2   3   4   5

3.2 Lernvideos nutzen

Klasse 5–10

 45 Minuten

 Wiederholung / Übung

 Wortschatz und Grammatik visualisieren

Beschreibung

Der Markt für Lernvideos wächst stetig. Neben kommerziellen Anbietern gibt es auch einige Seiten, die hochwertige Videos gratis anbieten.
Die Schüler nutzen die Lernvideos, um Unterrichtsinhalte zu wiederholen, zu vertiefen oder sich diese induktiv selbst zu erarbeiten.

Benötigte Materialien und technische Voraussetzungen

- Computer oder Tablet mit Internetzugang pro Schüler
- unterstützend kann das Lehrbuch oder die Begleitgrammatik genutzt werden

Ablauf und Methode an einem konkreten Beispiel

- Setting: Einführung des Perfekts (Aktiv) mit allen Bildungsarten
- Im regulären Unterricht wird das Perfekt mit seinen neuen Endungen induktiv oder auch deduktiv eingeführt. Üblicherweise geschieht dies mit Perfektformen von regelmäßigen Verben der a- oder e-Konjugation.
- Nach der Einführungs- und einer optionalen Übungsphase wird den Schülern ein Lernvideo zum Perfekt gezeigt. Mit diesem Video von der Plattform latein-unterrichten.de können die Schüler die Bildungsart des v-Perfekts wiederholen:
https://www.latein-unterrichten.de/videos/unterricht/perfekt-formen-i/ `1`
- Im besagten Video sind immer wieder Haltepunkte für Übungen und kurze Quizfragen eingebaut, die die Schüler für intensives Üben nutzen können.
- Leistungsstärkere Schüler kann man schon auf den Teil 2 des Perfekt-Videos „loslassen":
https://www.latein-unterrichten.de/videos/unterricht/perfekt-formen-ii/ `2`
- Hier kann durchweg induktiv vorgegangen werden. Die Schüler können die Inhalte ihrer Geschwindigkeit entsprechend aufnehmen. Dies bedeutet, dass an schwierigen Stellen eine Pause eingelegt werden kann. Wie im ersten Teil der Reihe sind auch im zweiten Teil Haltepunkte zum Üben und Wiederholen eingebaut.
- In der Gesamtklasse wird dann das Video (Teil 2) noch einmal zusammen angeschaut. Die Schüler, die sich schon damit befasst haben, agieren als „Experten" und assistieren dem Lehrer.
- Grundsätzlich muss jede dieser Phasen in einer Ergebnissicherung im Unterricht noch einmal aufgegriffen und besprochen werden, damit alle Schüler auf dem gleichen Stand sind und gemeinsam den nächsten Schritt gehen können.

Mögliche Fallstricke und Tipps

- Die Lernvideos der oben erwähnten Reihe von latein-unterrichten.de sind von Experten didaktisch durchdacht und mit viel Sinn und Verstand erstellt worden. Sie können zum Üben, Einführen oder auch Erarbeiten genutzt werden.

- Neben den Videos auf latein-unterrichten.de gibt es noch weitere Plattformen (siehe „Beispiele"). Herausstellen kann man hier den YouTube®-Kanal der Lateinlehrerin Nina Toller (Webseite: *https://tollerunterricht.com*), der zahlreiche Videos für den Lateinunterricht anbietet.

Analoge Alternative

Leistungsstärkere Schüler können leistungsschwächeren Schülern schwierige Inhalte erklären und dabei Methoden, die auch in den Lernvideos genutzt werden, anwenden. Sie können schrittweise mit grafischer Unterstützung die Inhalte entwickeln und ebenso wie in den Lernvideos ihren „Schützlingen" Haltepunkte anbieten, um das gerade Erarbeitete zu üben.

Beispiele

- **Sofatutor®** (ca. 600 Videos zu Wortschatz, Grammatik, Textarbeit, Antike Kultur; kostenpflichtig; einige kostenlose Videos, zusätzliche Übungen): *https://www.sofatutor.com* **3**
- **Schülerhilfe®** (ca. 120 Videos zu Wortschatz, Grammatik, Textarbeit, Antike Kultur; kostenpflichtig; Webinare, Vokabeltrainer-Apps, Online-Hilfe): *https://www.schuelerhilfe.de/* **4**
- **Learnattack vom DUDEN Verlag** (ca. 100 Videos zu Grammatik und Textarbeit; kostenpflichtig; einige kostenlose Videos bei YouTube® verfügbar; Übungen und Klassenarbeiten): *https://learnattack.de/* **5**
- **Latein unterrichten** (Grammatik; gratis; aufwendige Videos mit interaktiven Übungen): *https://www.latein-unterrichten.de/* **6**
- **YouTube®-Kanal der Lateinlehrerin Nina Toller** (Grammatik und Textarbeit; gratis; Schüler- und Lehrervideos): *https://www.youtube.com/channel/UCH9VQxNRjij8rCyLVBgOPKQ/videos* **7**

3.3 Lernvideos erstellen

Klasse 9–13

 4–6 Stunden

 Erarbeitung / Vertiefung / Wiederholung

 Wortschatz und Grammatik visualisieren

Beschreibung

Zur Wiederholung von wichtigen Grammatikthemen können Lernvideos erstellt werden, die anschließend von der Gesamtklasse bearbeitet werden können. Die Schüler gehen dabei am besten arbeitsteilig vor und beleuchten verschiedene Grammatikthemen oder bearbeiten unterschiedliche Aspekte eines Themas. Es ist ebenso denkbar, Lernvideos zu neuen Themen von den Schülern konzipieren zu lassen. Die Schüler wählen sich ihr Thema aus und verteilen die Aufgaben zur Erstellung.
Die Videos sollen am Ende der Erstellungsphase der Klasse präsentiert werden und auch Verwendung finden. Zum einen natürlich, um die Grammatikthemen allen zugänglich zu machen, zum anderen aber auch, um anderen Klassen die Möglichkeit zu geben, von den Videos zu profitieren.

Benötigte Materialien und technische Voraussetzungen

- Computer oder Tablets mit Kamera (eventuell Mikrofone) pro Kleingruppe
- digitale oder analoge Schreibwerkzeuge
- Plakate, eventuell auch Bastelmaterial (Schere, Klebestifte)

Ablauf und Methode an einem konkreten Beispiel

- Setting: Wiederholung des AcI (*accusativus cum infinitivo*)
- Vorbereitung I: Die Schüler machen sich selbst mit Lern- bzw. Erklärvideos vertraut, indem sie sich im Internet mit deren Aufbau und Gestaltung befassen. Hierzu können sie auf YouTube® stöbern oder vom Lehrer vorgeschlagene Videos von Sofatutor® (*https://www.sofatutor.com*) oder latein-unterrichten.de (*https://www.latein-unterrichten.de/videos/unterricht/*) verwenden.
- Vorbereitung II: Es werden zuerst verschiedene wichtige Themen unter den Gruppen verteilt, die für den AcI grundlegend sind (z. B. Akkusativ erkennen, Infinitiv bestimmen, Zeitverhältnis beachten, Kopfverben identifizieren, AcI sichtbar machen, Übersetzungsmöglichkeiten prüfen).
- Für die Erstellung des Videos wird am besten ein Tablet verwendet. Zur Inspiration können sich die Kleingruppen Lernvideos im Internet anschauen (siehe „Beispiele"). An dieser Stelle muss aber klar gemacht werden, dass auf keinen Fall ein Video in dieser Qualität erwartet wird. Die Beispielvideos wurden mit einem großen Aufwand, zum Teil professionellen Sprechern und fortschrittlicher Videotechnik aufgenommen.
- Die Gruppen erstellen ein Konzept für ihr Video und entscheiden sich, ob sie rein digital vorgehen und alles am Tablet erstellen oder ob sie die notwendigen Schritte mit Plakaten bzw. beschriebenen Karten visualisieren und anschließend filmen.
- Auf den englischsprachigen Seiten *https://h5p.org* oder *https://screencast-o-matic.com* können sie sich über alles Notwendige zur Erstellung von Videos auf dem Computer informieren. Als Apps bieten sich Clips® (iOS®) und Adobe® Spark Video (iOS®) an.
- Die Schüler fügen nun Audiokommentare hinzu. Auf dem Computer oder auf dem Tablet ist es auch möglich, die Arbeit am Bildschirm aufzunehmen (wie ein Video-Screenshot) und den Kommentar parallel einzusprechen.
- Eine zusätzliche Aufgabe könnte es noch sein, interaktive Übungen in die Erklärvideos einzubauen, die die Schüler während der Bearbeitung erledigen müssen, um weiterschauen zu „dürfen".

- Am Ende der Unterrichtssequenz wird überprüft, inwieweit die Videos einem breiteren Publikum bereitgestellt werden können. Je nach Qualität können sie für andere Klassen zur Einführung oder Wiederholung des AcIs zum Einsatz kommen.

Mögliche Fallstricke und Tipps

- Die Erstellung eines qualitätsvollen Videos ist mit einem ziemlichen Aufwand verbunden und sollte deshalb mit der notwendigen Ernsthaftigkeit verfolgt werden. Vielleicht kann man die Schüler damit „packen", dass die Ergebnisse auch jüngeren Klassen helfen können.
- Die Schüler sollen trotzdem versuchen, die Videos so einfach wie möglich zu gestalten. Der Schnitt, das Einsprechen der Kommentare und das Zusammenfügen am Ende wird noch genügend Zeit in Anspruch nehmen.

Analoge Alternative

Es ist natürlich auch möglich, die Choreografie eines Erklärvideos in eine Art Unterricht von Schülern für Schüler umzusetzen. Die Schüler erklären an der Tafel mit beschriebenen Karten ihr Thema. Alternativ kann auch ein Overheadprojektor eingesetzt werden.

Beispiele

- Lernvideos für den Lateinunterricht von Ulf Jesper: https://www.latein-unterrichten.de/videos/unterricht/ [1]
- Lernvideos für den Lateinunterricht von Nina Toller: https://tollerunterricht.com/erklaervideos/latein/ [2]

[1]

[2]

3.4 Strukturskizzen erstellen

Klasse 5–8

 45 Minuten

 Ergebnissicherung / Wiederholung

 Wortschatz und Grammatik visualisieren

Beschreibung

Gerade im Arbeitsbereich Wortschatz ist es immer wieder notwendig, lateinische Vokabeln zu ordnen, zu strukturieren und zu immer wieder neuen Gruppen zu formieren. Nur so kann gewährleistet werden, dass sich neue Wörter langfristig im Gedächtnis verankern und auch nach einiger Zeit noch abrufbar sind. Mit verschiedenen Online-Anwendungen oder Apps verbinden die Schüler Vokabeln zu Gruppen oder setzen sie zueinander in Beziehung.

Benötigte Materialien und technische Voraussetzungen

Computer oder Tablet mit Internetzugang pro Schülerpaar / Kleingruppe
- Software zum Mindmapping, z. B. Lucidchart (*https://www.lucidchart.com/pages/examples/flowchart-maker*), oder entsprechende Apps, z. B. MindNode® (*https://mindnode.com*) (iOS®)

Ablauf und Methode an einem konkreten Beispiel

- Setting: Die Schüler erstellen eine digitale Strukturskizze zum Wortschatz nach Abschluss einer Lektion oder einer Sequenz.
- Die Schüler arbeiten in Partnerarbeit oder in Kleingruppen. Sie bekommen jeweils ein bestimmtes Thema bzw. einen Oberbegriff (Krieg, Gründung einer Stadt, Religion, …) und stellen dazu eine Wörterliste zusammen. Anschließend sortieren sie ihre Wörter und / oder setzen sie zueinander in Beziehung.
- Nun übertragen die Schüler ihre Skizze auf den Computer bzw. das Tablet. Hier können sie noch Farben und Größen variieren, Pfeile dicker oder dünner zeichnen, Felder größer oder kleiner gestalten.
- Zur Kontrolle müssen entweder der Lehrer oder andere Gruppen hinzugezogen werden. Je nachdem muss die Skizze noch einmal überarbeitet werden.
- Damit die gesamte Klasse von den Strukturbildern profitieren kann, ist eine Verteilung der Ergebnisse sinnvoll. Dies kann entweder auf digitalem Wege geschehen (per E-Mail oder über eine Lernplattform bzw. ein Tauschlaufwerk) oder die Schüler präsentieren ihre Mindmap vor der Klasse und erläutern ihr Vorgehen.
- Da die meisten Programme es ermöglichen, aus dem Strukturbild eine PDF-Datei zu erzeugen, sollte eine Verteilung unproblematisch sein.

Mögliche Fallstricke und Tipps

- Um einen Einstieg in die Methode zu bekommen, kann man so vorgehen, dass man eine Struktur oder sogar ein ganzes Bild vorgibt und Lücken lässt. Die Schüler füllen die Lücken aus und lernen so die Methode kennen.
- Für die Schüler ist es mit Sicherheit einfacher, zu Beginn nur Wörter einer bestimmten Wortart in die Strukturskizze einzubauen.

- Will man einen größeren Wortspeicher für ein Strukturbild verwenden, ist es sinnvoll, die Skizze zu einem Wortnetz zu erweitern. In ein Wortnetz können die Schüler auch deutsche Begriffe einbauen, um die Beziehungen noch deutlicher darzustellen.
- Nicht nur im Bereich Wortschatz lassen sich Strukturskizzen sinnvoll einsetzen, auch im Bereich Grammatik kann diese Methode Anwendung finden.

Analoge Alternative

Analoge Mindmaps gestalten Schüler auf einem Plakat oder auch an der Tafel. Diese Variante bietet sich vor allem an, wenn man das Strukturbild im Laufe des Schuljahres entwickeln will. So können die Schüler immer wieder neu vorkommende Wörter ergänzen und das Beziehungsgeflecht wachsen lassen.

Beispiele und Infoseiten

- Infoseite über Mindmaps:
  https://lehrerfortbildung-bw.de/u_sprachlit/latein/gym/bp2016/fb4/5_wort/1_mat/mind/index.html
- Wortschatz-Blog zum Thema „Vokabellernmethoden":
  https://www.wortschatz-blog.de/viele-wege-fuehren-nach-rom-sinnvolle-vokabellernmethoden/
- Einfache Mindmap im Bereich Grammatik:
  http://www.grammaticus.de/Mindmaps1.html
- Komplexe Mindmap im Bereich Grammatik:
  http://www.grammaticus.de/Mindmaps2.html

3.5 Rondogramme erstellen

Klasse 7–10

 45–90 Minuten

 Erarbeitung / Vertiefung / Übung

 Wortschatz und Grammatik visualisieren

Beschreibung

Polyseme (mehrdeutige) lateinische Wörter gehören zu den größten Schwierigkeiten für Schüler. Es ist die Aufgabe des Lehrers, ihnen klar zu machen, dass manche lateinische Vokabeln nicht eins zu eins ins Deutsche übersetzbar sind. Bei diesen Wörtern muss immer der Kontext beachtet werden. Erst dann lassen sich polyseme Wörter sinngerecht übersetzen.

Rondogramme, von Forschern der Universität Zürich entwickelt, bieten eine Möglichkeit, um polyseme Wörter zu visualisieren.

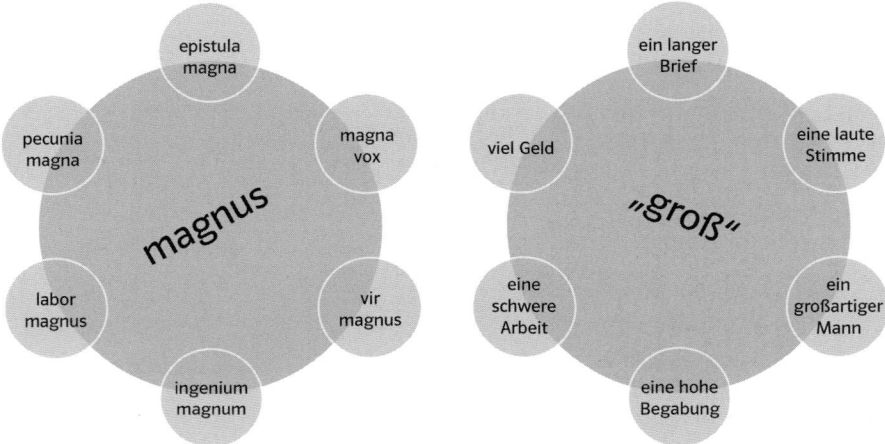

Benötigte Materialien und technische Voraussetzungen

- Computer mit Internetzugang und vorinstalliertem Textverarbeitungs- (z. B. Word) und/oder Präsentationsprogramm (z. B. PowerPoint) oder Tablet mit vorinstallierter App (z. B. Lucidchart) pro Kleingruppe
- Wörterbücher oder Lehrbücher mit Vokabellisten

Ablauf und Methode an einem konkreten Beispiel

- Setting: Wortschatzarbeit zu polysemen Verben, Substantiven und Adjektiven
- Die Schüler bekommen in Kleingruppen verschiedene polyseme Wörter zugeteilt. (Eine Auswahl findet sich in der Tabelle.)

Verben	Adjektive	Substantive
petere	*magnus*	*consilium*
consulere	*altus*	*imperium*
providere	*acer*	*virtus*
contendere	*gravis*	*gratia*
colere	*pius*	*fides*
capere	*rectus*	*animus*

- Jede Kleingruppe sucht sich aus jeder Wortart eine Vokabel aus oder bekommt sie vom Lehrer zugeteilt.
- Die Gruppen suchen nun mithilfe des Wörterbuchs oder der Vokabellisten im Lehrbuch nach Wendungen, die ihre Wörter beinhalten und finden dafür passende deutsche Übersetzungen. Eventuell muss der Lehrer an der ein oder anderen Stelle eingreifen und mit vorgegebenen Wendungen unterstützen.
- Anschließend geht es darum, dass die Schüler ihre Ergebnisse grafisch in ein Rondogramm übertragen. Hierfür verwenden sie entweder die SmartArt-Funktion bei Word oder sie erstellen in PowerPoint Rondogramme, indem sie Formen zu einem Bild zusammenfügen.
- Wenn man Tablets zur Verfügung hat, kann man auch auf Apps zurückgreifen. Eine recht professionelle Basis zur Erstellung von Diagrammen und Charts bietet die App Lucidchart (*https://www.lucidchart.com/pages/*). In dieser App (die auch als Desktop-Online-Programm verwendet werden kann) kann man aus zahlreichen Vorlagen wählen, die Felder mit den entsprechenden Informationen füllen und anschließend als PDF speichern bzw. weiter verteilen.
- Die Schüler können selbst entscheiden, ob sie zwei Rondogramme (ein lateinisches und ein deutsches) oder ein Rondogramm bauen, in dem sie lateinische Wendungen und deutsche Übersetzungen zusammenfassen.
- Zum Abschluss der Arbeit sollen die Schüler nun versuchen, für bestimmte polyseme Wörter eine Grundbedeutung zu finden, die das gesamte Konzept des Wortes umschreibt. Dies ist nicht immer einfach und verlangt ein hohes Abstraktionsvermögen, sorgt aber für ein erhöhtes Verständnis von Vokabeln als Konzept.

Mögliche Fallstricke und Tipps

- Um die Komplexität dieser Aufgabe zu erhöhen, kann man darauf verzichten, die Wörter vorzugeben und stattdessen die Schüler selbst nach polysemen Wörtern suchen lassen.
- Bei dieser Aufgabe geht es vor allem darum, die Schüler dafür zu sensibilisieren, dass lateinische Wörter nicht immer eine deutsche Entsprechung haben, sondern manchmal nicht wirklich übersetzt werden können.

Analoge Alternative

Die Schüler können Plakate mit Rondogrammen gestalten. Diese können dann im Lauf der Zeit erweitert werden, je nachdem welche neue Bedeutung der Vokabel eingeführt wurde.

Beispiele und Infoseiten

- Allgemeines über Rondogramme:
https://www.uzh.ch/latinum/utzinger/pdf/Rondogramme_Latinum_2.pdf
- Überblick über Rondogramme mit Beispielen:
https://lehrerfortbildung-bw.de/u_sprachlit/latein/gym/bp2016/fb4/5_wort/1_mat/rondo/index.html

3.6 Online-Wörterbücher bzw. Wörterbuch-Apps nutzen

Klasse 10–13

 90 Minuten

 Vertiefung / Übung

 Wortschatz und Grammatik visualisieren

Beschreibung

Die Schüler nutzen die Vorteile und schnelle Verfügbarkeit von Online-Wörterbüchern und Wörterbuch-Apps, um lateinische Texte besser erschließen und übersetzen zu können. Dabei lernen sie auch, die Angebote einzuschätzen und auf ihre Tauglichkeit hin zu prüfen.
Trotz der Vorteile von (elektronischen) Wörterbüchern sollte jedoch auch darauf hingewirkt werden, dass nicht jedes Wort nachgeschlagen werden muss. Bevor man sich der Wörterbucharbeit widmet, ist es deshalb sinnvoll, eine kurze Einheit zur Wortbildungslehre und zu den Themen Wortfamilien und Komposita vorzuschalten. Ebenfalls wird bei dieser Idee davon ausgegangen, dass der Aufbau von Wörterbüchern den Schülern grundsätzlich klar ist. Neben den einzelnen Artikeln gehört hierzu auch die Klärung von Abkürzungen. Dazu finden sich im Netz einige Übungen, z. B. bei PONS® (siehe „Materialhinweise und Beispiele").

Benötigte Materialien und technische Voraussetzungen

- Computer oder Tablet mit Internetzugang bzw. vorinstallierter Wörterbuch-App, wie z. B. Navigium®, PONS® o. Ä., pro Schüler / Kleingruppe

Ablauf und Methode an einem konkreten Beispiel

Beispiel 1:
- Setting: Seneca, *epistulae morales* 1
- Die Schüler werden in Kleingruppen aufgeteilt.
- Die Gruppen erhalten den puren Text ohne Angaben bzw. Worterklärungen.
- In einem ersten Schritt werden in Einzelarbeit abschnittsweise die unbekannten Wörter markiert. Anschließend wird in der Gruppe diskutiert, welche Wörter sich eventuell über die in der Vorbereitung bearbeiteten Themen (Wortbildungslehre, Wortfamilien, Komposita) erschließen lassen.
- Nun werden die übrig gebliebenen Vokabeln unter den Gruppenmitgliedern (am besten wieder abschnittsweise) verteilt und mit der App oder im Online-Wörterbuch nachgeschlagen.
- Jedes Gruppenmitglied erstellt in einem Dokument eine Übersichtstabelle zu „seinen" unbekannten Wörtern und achtet dabei vor allem darauf, alle möglichen Varianten oder auch Konstruktionen aufzuführen.
- In der anschließenden Übersetzungsphase können die Schüler nun auf die Übersichtstabellen zurückgreifen und eine Musterübersetzung erstellen.

Beispiel 2:
- Setting: Caesar, *de bello Gallico* VI, 16 (bearbeitet)
- Die Schüler werden in Kleingruppen unterteilt und verteilen sich auf die Computerarbeitsplätze oder nehmen sich ein Tablet.
- Die Gruppen erhalten nun den Text als vorbereitete Datei:
https://lehrerfortbildung-bw.de/u_sprachlit/latein/gym/bp2016/fb5/5_wortschatz/4_arbeit/1_integration/1_text1/wb-benutzung_4_4_1_integration_des_wb_in_die_textarbeit-2.pdf

- Je nach Klassenzusammensetzung kann man nun den Text abschnittsweise auf die Gruppen aufteilen und von ihnen bearbeiten lassen. In diesem Fall ist es sinnvoll, den fehlenden Text den Schülern in Übersetzung zur Verfügung zu stellen.
- Das Arbeitsblatt ist so aufgebaut, dass es viele Differenzierungsmöglichkeiten bietet. Für leistungsstärkere Schüler können z. B. die Einrückung der Nebensätze oder auch die Markierung der vorkommenden AcIs bzw. PC-Konstruktionen weggelassen werden.
- Die Hauptarbeit sollte im Nachschlagen der unterstrichenen Wörter und Wortblöcke liegen.
- Im Gegensatz zum ersten Unterrichtsbeispiel liegt hier der Schwerpunkt der Wörterbucharbeit auf der Übersetzung im Kontext. Die unterstrichenen Passagen sollen somit nicht vor, sondern während der Übersetzungsarbeit nachgeschlagen und gleich übertragen werden.
- Am Ende der Arbeit wird die Übersetzung kontrolliert. Um Zeit zu sparen, könnte man den Schülern eine Musterübersetzung des gesamten Textes aushändigen und nur einzelne Textstellen für eine detailliertere Besprechung herausgreifen.

Mögliche Fallstricke und Tipps

- Die gängigen Online-Wörterbücher werden von den einschlägigen Verlagen angeboten. Ebenfalls nützlich, jedoch nicht so ausführlich, sind die Angebote von Navigium® oder auch frag-caesar.de.
- Von PONS® und Langenscheidt® gibt es jeweils auch eine entsprechende App. Ebenso von Navigium®.

Analoge Alternative

Neben den Online-Wörterbüchern können natürlich auch Wörterbücher in Buchform genutzt werden. Interessant wäre es an dieser Stelle, Vergleichswerte zu ziehen, um einschätzen zu können, wie viel Zeit ein Online- bzw. App-Angebot tatsächlich spart.

Materialhinweise und Beispiele

Arbeitsblätter zur Arbeit mit dem PONS-Wörterbuch:
https://de.pons.com/shop/specials/unterrichtsmaterial/latein
- Online-Wörterbücher:
  - PONS®:
    https://de.pons.com/übersetzung
  - Langenscheidt®:
    https://de.langenscheidt.com
  - Navigium®:
    https://www.navigium.de/suchfunktion.html
  - Frag Caesar:
    https://www.frag-caesar.de

3.7 Word Clouds erstellen

Klasse 5–13

 45 Minuten

 Vertiefung / Übung

 Wortschatz und Grammatik visualisieren

Beschreibung

Word Clouds bieten eine attraktive Möglichkeit für die Visualisierung von Vokabeln. Ganze Texte oder auch Textabschnitte werden mittels App oder Browser-Programm in eine Wolke verwandelt, die dann modifiziert werden kann. Die Bedienung der verschiedenen Programme ist zumeist intuitiv und einfach zu verstehen. Deshalb können auch schon Schüler in der Unterstufe von Word Clouds profitieren.

Benötigte Materialien und technische Voraussetzungen

- Computer oder Tablet mit Internetzugang bzw. vorinstallierter Word Cloud-App, wie z. B. Wordsalad (*http://wordsaladapp.com*) (iOS®, Android®), Shapego (*https://www.shapegoapp.com*) (iOS®) oder Wowed (*https://wowedapp.com*) (iOS®), pro Schülerpaar

Ablauf und Methode an einem konkreten Beispiel

- Setting: Lektion 24 – Eine Stadt wird gegründet (Lehrbuch Cursus NEU)
- Der Lektionstext wurde mit der Klasse abschnittsweise (Z. 1–8/9–17/18–24) erschlossen und die Aufgabe a (Bestimmung von Sachfeldern in den Abschnitten) bearbeitet.
- Die Klasse wird nun in drei Gruppen geteilt. Jeder Gruppe wird ein Textabschnitt zugeordnet.
- Der Text wird den Schülern digital zur Verfügung gestellt. (In den Handreichungen des Lehrbuchs findet man alle Texte als Word-Dokument.)
- Die Schüler finden sich nun in Zweiergruppen vor ihrem Computer ein.
- Für die Arbeit mit Word Clouds am Computer bietet sich beispielsweise die Seite WordArt.com (*https://wordart.com*) an.
- Der Text kann über das ⇨Copy-Paste-Verfahren mit dem Import-Button eingefügt werden. Über den Reiter „Visualisieren" wird nun eine Wortwolke erstellt.
- Das Ziel der Arbeit mit Word Clouds soll es sein, dass die Schüler, ausgehend von der vorerschließenden Sachfeld-Aufgabe, eine entsprechende Wolke erstellen. Damit dies gelingt, muss die Wolke bearbeitet werden.
- In einem ersten Schritt löschen die Schüler die kleinen für den Kontext eher unwichtigen Wörter aus ihrer Wörterliste heraus. Neben Kon- bzw. Subjunktionen können dies vor allem Pronomina sein.
- Die Gruppen können ihre Word Cloud nun individuell gestalten. Dabei soll es jedoch nicht nur um Farben und Formen gehen, sondern vor allem um die Gewichtung der in ihrem Textabschnitt vorkommenden Wörter. Wichtige Schlüsselwörter werden größer und zentraler dargestellt, unwichtigere Wörter zeigen sich im Hintergrund mit einer kleineren Schriftgröße.
- Zum Abschluss der Stunde werden einzelne Word Clouds der Kleingruppe vorgestellt und besprochen.

Mögliche Fallstricke und Tipps

- Diese Unterrichtsidee kann sehr gut mit Tablets und entsprechenden Apps durchgeführt werden. Hierbei entstehen die Wolken per Hand und können intuitiv organisiert werden.
- Die Anleitung für diese Methode sollte ausführlich und genau sein, damit die Schüler selbst einschätzen lernen, welche Vokabeln in einem Text im Vordergrund stehen und welche nicht.

Analoge Alternative

Diese Idee analog umzusetzen gestaltet sich schwierig. Die Schüler müssten die einzelnen Wörter eines Textabschnitts in ihrer Frequenz erfassen und gruppieren. Einfacher wird es, wenn man die Idee zu einer „klassischen" Analyse von Sachfeldern umwandelt. Hierbei geht es für die Schüler darum, in den einzelnen Abschnitten ein zusammenhängendes Thema zu identifizieren und anschließend die dem Thema zugehörigen Wörter zu bestimmen.

Infoseite

- Umgang mit Wortwolken (Wordle):
https://www.lehrer-online.de/artikel/fa/wortwolken-mit-wordle/   [1]

[1]

3.8 Digitale Lernplakate gestalten

 90 Minuten

 Ergebnissicherung / Vertiefung

 Wortschatz und Grammatik visualisieren

Beschreibung

Mit Textverarbeitungs- und Präsentationsprogrammen lassen sich zu vielen Themen des lateinischen Grammatikunterrichts Übersichten und Plakate erstellen, die den Schülern dabei helfen, die neu erlernten Inhalte vertiefend zu behandeln und besser zu verinnerlichen. Die Möglichkeiten sind vielfältig: Von einfachen tabellarischen Übersichten der lateinischen Deklinationen bis hin zu komplexen Zusammenstellungen der Facetten des *ablativus absolutus* sind bei fast allen Themen Visualisierungen mit Plakaten denkbar.
Mit modernen Gestaltungsapps, wie z. B. Glogster, lassen sich sogar interaktive digitale Multimediaposter erstellen, die das Thema „Lernplakat" noch einmal auf eine andere Stufe heben.

Benötigte Materialien und technische Voraussetzungen

- Computer oder Tablet mit vorinstalliertem Textverarbeitungs- und / oder Präsentationsprogramm oder App, z. B. Glogster (*https://edu.glogster.com*), pro Kleingruppe
- Begleitgrammatik
- Aufschriebe und Übersichten der letzten Unterrichtsstunden

Ablauf und Methode an einem konkreten Beispiel

- Setting: Das *participium coniunctum* (PC)
- Vorbereitung: In den vergangenen Stunden wurde das PC in all seinen Facetten (PC mit PPP, PC mit PPA, alle Übersetzungsmöglichkeiten) behandelt und geübt.
- Es werden nun verschiedene Kleingruppen gebildet und die Themen verteilt. Ob man diese jeweils nur an eine Gruppe oder manche Themen mehrfach vergibt, ist der Größe der Klasse geschuldet. Mögliche Themen wären:
  - allgemeine Informationen zum PC
  - PC mit Partizip Perfekt Passiv (PPP)
  - PC mit Partizip Präsens Aktiv (PPA)
  - Übersetzungsmöglichkeiten
  - Übersetzungstipps
  - Fallstricke
- In einer ersten Phase sammeln die Schüler alle für ihr Thema notwendigen Informationen aus der Begleitgrammatik, ihren Aufschrieben bzw. Arbeitsblättern oder mittels Internetrecherche (z. B. Lernvideos).
- Die Schüler erstellen nun digital oder in Papierform ein Konzept für ihr Plakat. Schon in dieser Phase soll darauf geachtet werden, inwieweit es Sinn macht, verschiedene Farben, Formen und Zeichen einzusetzen.
- Die Schüler wählen in der Glogster-App eine Vorlage aus, mit der sie arbeiten wollen, und füllen das Plakat mit Inhalt. Die App bietet die Möglichkeit, neben Texten und Bildern auch Videos einzufügen. So ist es denkbar, dass die Schüler selbst erstellte Lernvideos mit in das Plakat einbauen.
- Die Schüler fertigen ihr Lernplakat an. Dabei achten sie vor allem auf sprachliche Richtigkeit und auf die korrekten Zusammenhänge.

- Am Ende werden die Ergebnisse der Klasse präsentiert und zugänglich gemacht. Man sollte je nach Qualität der Plakate über eine Veröffentlichung nachdenken. Sei es in einem Online-Speicher, der anderen Schülern bzw. Lehrern zugänglich ist oder sogar über die Schulhomepage, um so diese Methode noch weiter zu verbreiten. In der Versenkung verschwinden sollten die Plakate jedoch nicht.

Mögliche Fallstricke und Tipps

- Auch wenn die Schüler den Stoff ausführlich behandelt und sich mit ihm auseinandergesetzt haben, können sich Fehler einschleichen. Deshalb ist es unabdingbar, dass die Lehrperson sich im Entwurfsprozess immer wieder einschaltet und die Plakate auf Korrektheit überprüft.
- Für zeichnerisch begabte Schüler bietet es sich an, auf ein Zeichenprogramm am Tablet auszuweichen. Für optimale Ergebnisse bedarf es jedoch eines digitalen Stifts (z. B. Apple Pencil®), der die Schüler befähigt, wie auf Papier zu zeichnen.

Analoge Alternative

Eine analoge Plakatgestaltung ist natürlich auch denkbar. Um allen Schülern die Ergebnisse verfügbar zu machen, sollte man die Plakate dann einscannen oder kopieren.

Beispiele

- Allgemeine Informationen zu Lernplakaten:
  https://cms.sachsen.schule/fileadmin/_special/gruppen/11/pdf_dateien/Unterricht/Methodenkarten/Lernplakate.pdf
- Erstellung eines Lernplakats:
  http://home.uni-leipzig.de/didakrom/Methoden/Methoden%20des%20Studienseminars%20Solingen%20Wuppertal%20Sekundarstufe%20I/Methodenkarten_Ein_Lernplakat_erstellen.pdf
- Erklärvideo zur Glogster-App (Englisch; Anmeldung erforderlich):
  https://www.youtube.com/watch?time_continue=17&v=Rhrz2 kVcy4k

3.9 Das Whiteboard für die Wortschatzarbeit nutzen

Klasse 5–13

 15–30 Minuten

 Einstieg / Wiederholung / Vertiefung

 Wortschatz und Grammatik visualisieren

Beschreibung

⇨ Interaktive Whiteboards (IWB) haben in vielen Klassenzimmern Einzug gehalten. Mit intuitiver Software fällt es mittlerweile fast jedem Unterrichtenden leicht, diese auch im Unterricht einzusetzen. Der Einsatz von Whiteboards bietet dazu zahlreiche Vorteile, die man für den Unterricht nutzen kann. Hier eine kleine Auswahl:
- **Bewegung:** Die Schüler erledigen ihre Aufgaben vorne am IWB und müssen sich dafür bewegen.
- **Methodenvielfalt:** Die meisten Softwares bieten eine Vielzahl von Möglichkeiten, um Unterrichtsinhalte zu vermitteln.
- **Speicherung:** Hat man einen Inhalt erstellt, lässt er sich jederzeit (z. B. zu Wiederholungszwecken) wieder aufrufen.
- **Feedback:** Das Feedback erfolgt direkt durch das Whiteboard.

Es muss klar sein, dass ein Whiteboard nur eine Ergänzung zum regulären Unterricht darstellen kann und mit anderen Medien kombiniert werden muss, um all seine Vorteile auszuspielen. *Variatio delectat!*

Benötigte Materialien und technische Voraussetzungen

- IWB mit vorinstallierter Software, z. B. Notebook (*https://www.smarttech.com*) oder OpenBoard (*http://openboard.ch/index.de.html*)

Ablauf und Methode an einem konkreten Beispiel

- Setting: Wiederholung von Vokabeln aus dem Sachfeld „Natur"
- Diese Sequenz bedarf einiger Vorarbeit. Der Lehrer macht sich auf die Suche nach gemeinfreien Bildern, die zu den gewählten Vokabeln passen. Man kann über ⇨ Creative Commons suchen oder sich auch bei Portalen wie Pixabay oder Flickr (siehe „Materialhinweise und Infoseite") anmelden, um an passende Bilder zu kommen. Dabei sollte das Urheberrecht unbedingt beachtet werden.
- Der Wortspeicher, der nun zum Einsatz kommt, ist vom Lernstand und vom Lehrbuch der Schüler abhängig. Er sollte dementsprechend angepasst werden. „Klassische" Vokabeln für dieses Sachfeld sind: *mons – flumen – bestia – asinus – canis – arbor – campus – mare – lacus – flos* usw.
- In der weiteren Vorbereitung ist es notwendig, die Bilder und die Vokabeln in die Software des IWB zu integrieren und „beweglich" zu machen.
- Die Schüler kommen nun nach vorne ans IWB und ziehen die passenden Wörter auf die entsprechenden Bilder. Je nach IWB bzw. Software lässt sich auch eine direkte Feedback-Funktion einstellen, die es den Schülern ermöglicht, umgehend zu erfahren, ob ihre Zuordnung korrekt war.
- Als Sicherung erhalten die Schüler ein entsprechendes Arbeitsblatt, das parallel zur Erarbeitung am IWB ausgefüllt werden muss.
- Zur Weiterführung ist es möglich, andere Wortarten einzubauen, z. B. Adjektive und Verben. Die Schüler nennen zu den Substantiven passende Vokabeln, die dann in die Übersicht am IWB aufgenommen werden.

Mögliche Fallstricke und Tipps

- Bevor man das IWB im Unterricht einzusetzen gedenkt, ist es unbedingt erforderlich, sich zuvor mit den technischen Bedingungen auseinanderzusetzen. Die meisten IWB-Softwares sind bedienerfreundlich und lassen sich intuitiv verwenden. Deshalb sollte die Einarbeitungszeit überschaubar sein.
- Für die Zuordnung am IWB durch die Schüler ist pädagogisches Geschick gefragt, um sie nicht einer „Abfragesituation" auszusetzen. Man sollte deshalb am besten spielerisch vorgehen.
- Für Mittel- oder Oberstufenklassen bietet es sich an, nicht nur einzelne Begriffe, sondern ganze Handlungen zuordnen zu lassen. Als Beispiel dient der Text von Cornelius Nepos über den Schwur des Hannibal (Hann., 2,4) und das Gemälde von Jacopo Amigoni. Hier kann man sehr gut die einzelnen Handlungen Hannibals und auch Hamilkars am Text nachverfolgen und den entsprechenden Bereichen des Gemäldes zuordnen.

Analoge Alternative

Mithilfe von ausgedruckten Bildern und vorbereiteten Vokabelzetteln lässt sich diese Methode auch analog durchführen.

Materialhinweise und Infoseite

- Online-Sammlungen mit Bildern unter freier Lizenz als Public Domain oder Creative Commons u. a.:
  - Creative Commons:
    https://search.creativecommons.org
  - Pixabay:
    https://pixabay.com
  - Flickr:
    https://www.flickr.com
  - Informationen zu Lizenzen:
    https://creativecommons.org/licenses/

1

2

3

4

3.10 QR-Codes® für die Wortschatz- oder Grammatikarbeit nutzen

Klasse 5–13

 4–6 Stunden

 Wiederholung / Vertiefung / Übung

 Wortschatz und Grammatik visualisieren

Beschreibung

⇨ QR-Codes® sind den Schülern sehr geläufig. Die modernen Smartphones benötigen mittlerweile noch nicht einmal eine eigene App, um die zweidimensionalen Codes zu scannen. Immer häufiger ist die Scanfunktion schon direkt in die Kamera des Geräts eingebaut. Mithilfe der Codes gelangt man umgehend zur der damit verbundenen Seite. Um den Schülern Abwechslung, Bewegung und Interaktion zu bieten, kann man QR-Codes® z. B. für eine schulinterne Rallye oder auch als schnellen Link für zusätzliche Übungsaufgaben nutzen. Einige Webseiten (z. B. LearningApps) haben die Generierung von QR-Codes® in den Aufbau ihrer Seite integriert. So kann man den Code entweder direkt an seine Klasse per E-Mail verschicken oder auf ein Arbeitsblatt kopieren. Das bietet den Schülern die Möglichkeit, unverzüglich zu den Aufgaben und Übungen zu gelangen.

Benötigte Materialien und technische Voraussetzungen

- internetfähiges Smartphone oder Tablet pro Schüler / Kleingruppe
- nach Bedarf Kamera-App zum Erkennen von QR-Codes®

Ablauf und Methode an einem konkreten Beispiel

- Setting: Lernzirkel zu den lateinischen Deklinationen
- Vorbereitung: Hierfür ist einige Vorarbeit nötig. Es müssen einerseits die Stationen für die einzelnen Deklinationen gefüllt, andererseits für alle Übungen auch entsprechende Lösungen erstellt werden. Lehr- und Übungsbücher bieten dazu einen reichen Fundus an Aufgaben und Übungen, sodass man nicht alles selbst kreieren muss. Je nach Klassengröße sollte eine gewisse Anzahl von Stationen eingerichtet werden. Im Idealfall wird ein Ordner für die Stationenarbeit angefertigt, der alle Stationen enthält. Die Arbeitsblätter können mit einem Textverarbeitungsprogramm (z. B. Microsoft® Word) erstellt und von den Schülern bearbeitet werden. Es ist jedoch auch denkbar, entsprechende Dateien im PDF-Format zu entwerfen und diese dann mit einer App, z. B. Adobe® Fill & Sign, oder einem Programm, z. B. Adobe® Acrobat Reader, von den Schülern ausfüllen zu lassen. So kann man auch sichergehen, dass die eigenen Dateien von den Schülern nicht verändert oder gelöscht werden können.
Die Lösungen zu den Aufgaben müssen nun ebenfalls erstellt und so umgewandelt werden, dass sie online zur Verfügung stehen. Dafür gibt es die Möglichkeit des geschützten Rahmens auf der Schulhomepage oder eines gesicherten Ordners in einem Cloud-Service.
Zusätzlich zu den Arbeitsblättern und deren Lösungen muss noch ein Laufzettel angefertigt werden, auf dem die Schüler ihre Arbeit mit genauer Zeitangabe dokumentieren.
- Ist die Vorbereitung abgeschlossen, machen sich die Schüler einzeln an die Arbeit und bearbeiten an ihrem Computer oder Tablet die angebotenen Übungen. Die Reihenfolge kann hierbei vom Lehrer vorgegeben oder offen gelassen werden.
- Nach Bearbeitung jeder Station werden die Ergebnisse kontrolliert. Dazu finden die Schüler auf den Arbeitsblättern QR-Codes®, die sie direkt zu den Lösungen führen. Auch denkbar ist eine QR-Code®-Liste, die der Lehrer unter Verschluss hat und erst dann herausgibt, wenn die Aufgaben umfassend bearbeitet wurden. Anschließend werden die Aufgaben auf dem digitalen Laufzettel abgehakt.

- Sind bei der Arbeit Fehler entstanden, werden diese nun von den Schülern korrigiert und anschließend noch einmal mit den Lösungen abgeglichen.

Mögliche Fallstricke und Tipps

- QR-Codes® lassen sich sehr leicht erstellen. Es gibt sowohl Webseiten (z. B. *https://www.qrcode-generator.de*) als auch Apps, die die Umwandlung einer Internetadresse in einen Code anbieten.
- Ein Hauptproblem wird darin bestehen, dass an vielen Schulen noch ein striktes Handyverbot gilt. Das bedeutet, dass der Umgang mit QR-Codes® ausschließlich über schuleigene Tablets funktionieren kann.
- Bei Lernzirkeln ist es erfahrungsgemäß so, dass die Arbeitsgeschwindigkeit der einzelnen Schüler stark variiert. Deshalb wäre es denkbar, den Lernzirkel so zu strukturieren, dass es Pflicht- und Wahlaufgaben gibt. Letztere können dann von den Schülern bearbeitet werden, die schon eher fertig sind. Bei deren Erstellung ist jedoch darauf zu achten, dass die schnelleren Schüler nicht nur einfach mehr Aufgaben nach ähnlichem Schema bearbeiten müssen, sondern dass hier eher spielerische sogenannte Knobelaufgaben angeboten werden.
- Um den immensen Aufwand für diese Unterrichtsidee nicht ins Leere laufen zu lassen, sollte man im weiteren Verlauf des Schuljahres immer wieder auf die entstandene Struktur zurückgreifen. So sollte der Lehrer am besten für jeden Schüler einen eigenen Ordner erstellen, in dem er dann die entsprechenden Aufgabenblätter finden und auch für spätere Zwecke verwenden kann.
- Für das Erstellen von ausfüllbaren PDFs gibt es zahlreiche Programme im Internet (z. B. PDFCreator: *https://www.pdfforge.org/de/pdfcreator/download*), die man kostenlos herunterladen kann. Entsprechende Apps (z. B. Adobe® Acrobat Reader) verfügen ebenfalls über diese Funktion.

Analoge Alternative

Ein Lernzirkel lässt sich auch gut analog durchführen, bedeutet aber einen enormen Kopieraufwand, da man für jeden Schüler ein Stations-Arbeitsblatt und für jede Station entsprechende Lösungen bereithalten muss. Die Gefahr besteht zudem, dass die bearbeiteten Blätter nach Beendigung des Lernzirkels in der Versenkung verschwinden.

Beispiele und Infoseiten

- Möglichkeiten des Einsatzes von QR-Codes® im Unterricht: [1]
  https://www.schule.at/tools/detail/-d371ffe399.html
- Beitrag von Nina Toller zum Einsatz von QR-Codes®: [2]
  http://digitaler-bildungspakt.de/2017/05/18/qr-codes-im-unterricht/
- Beispiele für den Einsatz von QR-Codes® im Lateinunterricht: [3]
  https://www.latein-unterrichten.de/fach-didaktik/medien/qr-codes/
- Beitrag zum Einsatz von QR-Codes® bei der Korrektur von Klassenarbeiten: [4]
  https://tollerunterricht.com/2017/09/09/klassenarbeiten-mit-qr-codes-berichtigen/

3.11 Digitale Lernspiele erstellen

Klasse 5–8

 45–90 Minuten

 Wiederholung / Vertiefung / Übung

 Wortschatz und Grammatik visualisieren

Beschreibung

Die Schüler erstellen eigene kleine Lernspiele oder nutzen schon vorhandene Lernspiele, um ihren Wortschatz zu festigen, sich neue Grammatik anzueignen oder zu üben. Dies lässt sich zum einen browserbasiert realisieren oder auch mit entsprechenden Apps bewerkstelligen.
Auf der Seite *www.learningapps.org* findet man zahlreiche Lernspiele (siehe Idee „Interaktive Übungen erstellen und bearbeiten"). Die Schweizer Seite „Lernen mit Spaß" bietet z. B. Konjugationsübungen. Aus Österreich kommt eine Seite (*https://www.edugroup.at/praxis/portale/latein/*), auf der man viele Links zu Rätseln für alle Bereiche des Lateinunterrichts findet.
Lernspiel-Apps findet man in den entsprechenden Stores zuhauf. Für den Lateinunterricht bieten sich in erster Linie Apps an, die Lückenfüller-, Kreuzworträtsel- oder Zuordnungsübungen zur Verfügung stellen (z. B. Quizlet®, Schlaukopf).

Benötigte Materialien und technische Voraussetzungen

- internetfähiges Smartphone / Tablet oder Computer pro Schülerpaar
- Lehreraccount bei Quizlet®

Ablauf und Methode an einem konkreten Beispiel

Beispiel 1:
- Setting: Wortschatzwiederholung nach Abschluss der ersten fünf Lektionen des Lehrbuchs
- Vorbereitung: Der Lehrer muss sich zuerst auf *www.quizlet.com* registrieren, um alle Möglichkeiten nutzen zu können. Dies kann zu Beginn über einen kostenlosen 30-Tage-Testzeitraum geschehen. Wenn man sich später entscheidet, die App bzw. das Programm immer wieder einsetzen zu wollen, sollte man über ein Abo nachdenken.
- Der Lehrer erstellt zu den Vokabeln der ersten fünf Lektionen zwei unterschiedliche Lernsets in jeweils verschiedenen Variationen, um so möglichst viele Vokabeln der fünf Lektionen abzudecken. Beim ersten Lernset geht es darum, auf Zeit lateinische Vokabeln ihren deutschen Entsprechungen zuzuordnen, beim zweiten darum, verschiedene lateinische Vokabeln in ein Bild einzufügen.
- Die Schüler werden in Zweiergruppen aufgeteilt und erhalten ein Tablet bzw. einen Computerarbeitsplatz.
- Die Lernsets lassen sich über den Nutzernamen des Lehrers oder auch über den Namen des Lernsets finden.
- Die Schülerteams entscheiden sich nun, mit welcher Übung sie beginnen möchten. Sie können als Team oder auch gegeneinander arbeiten. Bei letzterer Variante sollte der Teampartner nicht auf den Bildschirm schauen, wenn der andere die Aufgabe löst.
- Quizlet®-Übungen lassen sich auch auf Zeit spielen. So kann man den Wettkampfcharakter einbringen, was sicherlich bei dem ein oder anderen Schüler motivationsfördernd wirkt.
- Nach Beendigung der Arbeit werden die Ergebnisse zusammengetragen und die Bestzeiten miteinander verglichen.
- In einem nächsten Schritt kann man jetzt den Vokabelmeister küren, indem man nach dem KO-System vorgeht und Schülerteams oder auch einzelne Schüler gegeneinander antreten lässt.

Beispiel 2:
- Setting: Wortschatzwiederholung nach Abschluss der Lehrbuchphase
- Vorbereitung: Der Lehrer durchsucht die Seite *www.quizlet.com* oder auch die App Quizlet® nach schon eingestellten Wortschatz-Lernsets. Das erleichtert die Arbeit ungemein, da man nicht selbst alle Vokabeln eingeben bzw. in das Programm kopieren muss.
- Die Schüler entscheiden sich eigenständig für eines der Lernsets, die der Lehrer ausgewählt hat, und gehen es über die Felder „Karteikarten" oder „Lernen" durch.
- Über das Feld „Testen" können nun die Kenntnisse der Schüler überprüft werden. Je nach Ausgang ist eine nochmalige Lernphase angesagt.
- Als Belohnung für die Schüler, die die Testphase erfolgreich absolviert haben, stehen nun mehrere spielerische Lernformen zur Verfügung. Neben einer Zuordnungsübung, dem Spiel „Schwerkraft", gibt es auch die Möglichkeit, über „Quizlet®-Live" einen Teamwettkampf zu organisieren. Die Schüler arbeiten hier am Smartphone gegen andere Teams. Der Lehrer kann den Wettkampf über ein „Live-Leaderboard" verfolgen und sogar auf der „Anzeigetafel" der Klasse verfügbar machen.

Mögliche Fallstricke und Tipps

- Die Einrichtung der Quizlet®-Struktur auf Lehrer- und Schülergeräten nimmt einige Zeit in Anspruch.
- Will man bei Quizlet® alle Funktionen nutzen, muss Geld investiert werden.
- Wenn man geplant hat, dass die Schüler selbst die Karteikarten erstellen, muss man auf korrekte Zuordnung der Begriffe und die richtige Schreibweise achten.

Analoge Alternative

Die Schüler können schon vorhandene Karteikarten für gegenseitige Abfrageübungen benutzen oder selbst welche erstellen. Als Variation könnte hier auch ein Formenwürfel eingebaut werden, der die Schüler dazu auffordert, genau die Form zu nennen, die der Würfel vorgibt.

Beispiele

- Lernen mit Spaß:
  https://www.lernenmitspass.ch/lernhilfe/interaktiv/latein/konjugation/latverb_auswahl.php [1]
- Quizlet®:
  https://quizlet.com/224784622/flashcards [2]
- Schlaukopf:
  https://www.schlaukopf.de/gymnasium/klasse6/latein/lernjahr1/aodeklination.htm [3]
- LearningApps:
  https://learningapps.org/5016376 [4]

 1
 2
 3
 4

4.1 Projekte mit Slack® organisieren

Klasse 10–13

 2–3 Wochen

 Projekt

 Digitale Unterrichtsprojekte realisieren

Beschreibung

Slack® ist ein Programm, das die Zusammenarbeit für Gruppen erleichtern soll. Es wird vor allem in Großkonzernen und bei Arbeitsgruppen in Bildungsinstitutionen immer häufiger eingesetzt. Aber auch für die Schule bieten sich zahlreiche sinnvolle Möglichkeiten.

Man kann als Administrator einen sogenannten „Workspace" erstellen, zu dem man mehrere Teilnehmer per E-Mail einladen kann. Der Administrator kann den Workspace individuell organisieren. So ist es z. B. möglich, mehrere Channels anzulegen und diese einer Klasse, einem Thema oder auch einem Projekt zuzuordnen. Der Channel kann nun auf verschiedene Weise genutzt werden:

a) als Kommunikationsinstrument, um untereinander Nachrichten per E-Mail auszutauschen
b) als Datenaustauschinstrument, um eigene Dateien hoch- bzw. Dateien anderer Teilnehmer herunterzuladen
c) als Instrument, um Aufgaben oder Fragen („Threads") zu stellen
d) als variable Arbeitsoberfläche, auf der man auch andere Apps (z. B. Twitter® oder Google® Drive) installieren kann.

Der Channel ist sozusagen die Tafel, auf der sich der Lehrer und auch die Schüler einbringen können. Er bildet das Zentrum der Projektarbeit und lässt sich wie oben geschildert je nach Unterrichtssituation und Projekt der jeweiligen Schülergruppe anpassen.

Da es für mobile Endgeräte auch entsprechende Slack®-Apps gibt, können die Schüler auch jederzeit von unterwegs aus mit dem Smartphone oder Tablet Inhalte zum Channel hinzufügen.

Benötigte Materialien und technische Voraussetzungen

- Computer, Tablet oder Smartphone mit Internetzugang pro Kleingruppe
- evtl. Einrichtung von E-Mail-Adressen für die einzelnen Gruppen

Ablauf und Methode an einem konkreten Beispiel

- Setting: Martials Epigramme
- Der Lehrer richtet bei slack.com (*https://slack.com/intl/de-de/*) einen Workspace mit dem Titel „Martial-Epigramme" ein.
- Jeder Schüler wird per E-Mail zum Workspace eingeladen und meldet sich, z. B. mit Namenskürzel, an. Für die Einladung genügt es, den Schülern den Link des Workspaces zukommen zu lassen.
- Die Klasse wird in Kleingruppen unterteilt.
- Jeder Gruppe werden, je nachdem wie lange das Projekt angesetzt ist, ein oder mehrere von Martials Epigrammen zugeordnet. Der Lehrer erstellt für jede Gruppe einen Channel, der nun von den Schülern genutzt werden kann.
- Die Aufgaben für die Schüler werden über den Workspace gesteuert. Für dieses Projekt sollen sie ihr Epigramm metrisch analysieren, ins Deutsche übersetzen, die Aussage interpretieren und ein eigenes Epigramm mit der gleichen Aussage verfassen.
- Die Gruppen organisieren nun den weiteren Arbeitsablauf selbst, angelehnt an den Zeitplan des Lehrers, den die Schüler auf ihrem Workspace finden.
- Am Ende des Projekts präsentieren die einzelnen Gruppen der Klasse ihre Epigramme mithilfe des Workspaces oder auch auf eine andere Weise (z. B. PowerPoint).

Mögliche Fallstricke und Tipps

- Der Vorteil des Programms Slack® liegt vor allem darin, dass der Lehrer über den Arbeitsfortschritt der Schüler ständig auf dem Laufenden gehalten wird bzw. die Schüler auch durch eine kurze Nachricht zum Arbeiten motivieren kann.
- Bei der Einrichtung des Workspaces und der Einladung der Schüler sollte man darauf achten, behutsam mit den Schülerdaten umzugehen. Das Programm erlaubt es auch, dass mit Namensabkürzungen gearbeitet wird. Alternativ könnte man für die verschiedenen Gruppen eigene E-Mail-Adressen einrichten und diese dann verteilen.
- Je nach Größe und Motivation der Klasse muss sich der Lehrer auf eine Nachrichtenflut einstellen, bei der man den Überblick behalten muss. Auch vor Start des Projekts ist für den Lehrer einiger Aufwand nötig, da er die Texte und Aufgaben (evtl. auch die Schülerzugänge) organisieren und im Workspace einstellen muss.

Analoge Alternative

Analog ist die Projektidee nur schwer umzusetzen. Einzig ein Austausch der Ergebnisse in der Schule oder am Nachmittag ist möglich, aber wenig zielführend.

Infoseiten

- Bericht über Slack® bei netzpiloten.de:
  https://www.netzpiloten.de/5-gruende-warum-slack-die-lernplattform-der-zukunft-ist/
- Erfahrungsbericht zum Einsatz von Slack® in der Schule:
  https://schulesocialmedia.com/2015/05/21/das-e-mail-problem-der-schulen-ist-slack-die-losung/

4.2 Unterrichtsprojekte organisieren

Klasse 10–13

 2–3 Wochen

 Projekt

 Digitale Unterrichtsprojekte realisieren

Beschreibung

Schüler haben immer wieder das Problem, eine gemeinsame Projektarbeit zu organisieren. Termine nachmittags oder am Wochenende zu finden, fällt immer schwerer, da die Kalender der Schüler, vor allem die der Oberstufe, tendenziell immer voller werden. Mit digitalen Helfern kann man ein System schaffen, um die Zusammenarbeit zu erleichtern. Es gibt mittlerweile Programme, die alle Plattformen bedienen und sowohl mit Smartphone und Tablet als auch mit einem Desktop-Computer genutzt werden können.

Als Beispiel ist hier die App Padlet® zu nennen, die wie eine digitale Pinnwand funktioniert. Der Lehrer erstellt für sich einen Zugang und lädt die Schüler zu seiner Pinnwand ein. Auf diese können alle möglichen Materialien (Dokumente, Audiodateien, Videos) eingestellt und für alle sichtbar gemacht werden.

Benötigte Materialien und technische Voraussetzungen

- Computer oder Tablet mit Internetzugang am häuslichen Arbeitsplatz der Schüler mit vorinstallierter App (z. B. Padlet®)
- Computer oder Tablet mit Internetzugang in der Schule
- Registrierung oder Anmeldung über ein schon bestehendes Google®-/Facebook®- oder Microsoft®-Konto

Ablauf und Methode an einem konkreten Beispiel

- **Setting:** Projekt zu Ovids Metamorphosen zum Thema Hybris
- **Vorbereitung:** Der Lehrer wählt passende Metamorphosen zum Thema Hybris aus (z. B. Arachne, Niobe, Battus, die lykischen Bauern). Je nach Schülerzahl kann nun eine entsprechende Anzahl von Gruppen gebildet und die Metamorphosen können verteilt werden. Anschließend erstellt der Lehrer auf der Seite *https://padlet.com* für jede Gruppe eine Pinnwand. Diese sollte im Vorfeld modifiziert werden. Zuerst sollte man die Darstellungsart wählen. Für dieses Projekt bietet es sich an, das „Regal" zu verwenden, da man hier die Beiträge in verschiedenen Spalten unter bestimmten Themen gut strukturieren kann. Man kann z. B. auch den Hintergrund verändern, indem man auf vorgefertigte Bilder zurückgreift oder auch eigene Bilder hochlädt. Neben dem Titel für die jeweilige Pinnwand können jetzt schon konkrete Aufgabenstellungen eingebaut werden. Besonders wichtig für den schulischen Einsatz ist der Bereich „Zusammenarbeit", der es den Schülern ermöglicht, Beiträge zu kommentieren oder mit einer Reaktion („Gefällt mir!") zu versehen. Die Schüler erhalten nun per E-Mail oder Tafelanschrieb die Zugangsdaten bzw. die Adresse zu ihrer Pinnwand und können mit der Arbeit beginnen.
- Die Gruppen bekommen die Texte der jeweiligen Metamorphose in zweisprachiger Version ausgeteilt und werden mit den Aufgaben vertraut gemacht. Ziel für jede Gruppe ist es, am Ende der Projektphase vor der Klasse eine ausführliche Präsentation über die jeweilige Metamorphose zu halten.
- Jede Gruppe hat die Aufgabe, alle möglichen Informationen zu ihrer Metamorphose zusammenzustellen und auf der Pinnwand zu veröffentlichen. Darunter können Gedanken, Übersetzungen, Schlüsselstellen, Audiokommentare, Links, Videos usw. sein.

- Mit der Padlet®-App ist die Pinnwand von überall zugänglich, d. h., die Schüler können auch Gedanken, die sie unterwegs haben, schnell per Smartphone auf ihrer Pinnwand einfügen, ebenso wie Fotos oder kurze Kommentare.
- Der Lehrer hat ebenfalls die Möglichkeit, jederzeit auf die Pinnwände zuzugreifen und den Arbeitsfortschritt der einzelnen Gruppen zu verfolgen.
- Die Informationen, die die Gruppen auf ihrer Pinnwand zusammengetragen haben, sollen in einem weiteren Schritt in eine Präsentation eingebaut und der Klasse vorgestellt werden.

Mögliche Fallstricke und Tipps

- Um sich mit Padlet® vertraut zu machen, braucht man ein wenig Übung und eine gewisse Vorlaufzeit. Im Internet finden sich jedoch zahlreiche Tutorials von Lehrerkollegen, die einen bei der Einfindungsphase unterstützen.
- Die Adresse der Pinnwand kann bei Padlet® verändert werden, damit die Schüler die Seite schnell finden können. Diese Funktion findet man unter dem Punkt „Modifizieren / Adresse". Die jeweilige Adresse sollte man auf alle Arbeitsblätter, die das Projekt betreffen, aufnehmen. Alternativ lässt sich auch ein QR-Code® generieren.
- Die Privatsphäre-Einstellungen bei Padlet® sind vielfältig. Man kann die Schüler per E-Mail einladen oder die Pinnwand mit einem Passwort schützen. Als Lehrer kann man auch die Einstellung aktivieren, dass man jeden Beitrag auf der Wand, bevor er veröffentlicht wird, einsehen kann. So kann man Missbrauch vorbeugen und unangebrachte Kommentare einfach löschen, bevor sie Unheil anrichten können.
- Die Kommentarfunktion kann ein wunderbares Feedbackinstrument für Schüler und Lehrer sein. Vorweg muss das Thema Feedback aber unbedingt ausführlich mit den Schülern besprochen werden, damit kein Missbrauch entsteht.

Analoge Alternative

Für eine Abstimmung innerhalb einer Gruppe ist es auch denkbar, jeder Gruppe im Klassenzimmer auf einer Stell- oder Pinnwand Platz zur Verfügung zu stellen, der dann nach einem konkreten Zeitplan mit Inhalt gefüllt werden kann. Hierbei ist jedoch Disziplin notwendig. Die Schüler müssen sich strikt an die Terminvorgaben halten, da sonst das Projekt nicht gelingen kann.

Beispiele

- Allgemeine Informationen zu Padlet®:
  https://blogs.fu-berlin.de/ideenbar/tools/padlet/
- Videoanleitung zu Padlet®:
  - https://www.youtube.com/watch?v=yIuI2j-6Aqc
  - https://www.youtube.com/watch?v=swpUbDS7cWA
- Beispiel-Pinnwand zum Thema Märchen:
  https://padlet.com/mgummelt/cu4hkrjxs4pg

4.3 Inverted Classroom

Klasse 10–13

 4–6 Stunden

 Vertiefung / Übung

 Digitale Unterrichtsprojekte realisieren

Beschreibung

Das Inverted (oder auch Flipped) Classroom Modell vertauscht Unterricht und Hausaufgaben. Das Konzept ist Teil des Blended Learning, das in Schule und Universität immer mehr Einzug hält. Das Blended Learning („Integriertes Lernen") ist eine Form des Lernens, die Verfahren des Unterrichts mit E-Learning kombiniert und versucht, die Vorteile der beiden Lernformen zu verstärken und Nachteile, wenn möglich, auszugleichen.

Grundsätzlich ist es für den regulären Unterricht pragmatisch, die Möglichkeiten auf drei Phasen zu verteilen: Präsenzphase, E-Learning-Phase und Selbstlern-Phase. Die Verteilung dieser Phasen ist von einigen Faktoren, wie Klassenstufe, Klassengröße und Thema, abhängig und kann flexibel organisiert werden. Für die schulische Praxis kann man die E-Learning-Phase und die Selbstlern-Phase sowohl in die häusliche als auch in die schulische Arbeit verlegen. Die Präsenzphase spricht für sich selbst. Je nach Selbstständigkeit der Lerngruppe kann entschieden werden, wie hoch der Anteil an eigenständigen Arbeitsphasen sein soll.

Beim Inverted Classroom Modell findet die Erarbeitung der Inhalte zu Hause statt, während die Übungsphase dann in die Schule und damit in die Unterrichtszeit verlagert wird. Gewöhnlich wird hier auf Videos zurückgegriffen. Der Lehrende erstellt ein Lernvideo zu einem bestimmten Thema. Je nach Unterrichtseinheit und Klassenstufe kann dies von einem neuen oder zu wiederholenden Grammatikthema bis hin zu Inhalten aus dem Bereich „Antike Kultur" reichen. Mit der Bildschirmaufnahme („Screencastsoftware"), mit der jeder moderne Computer in der Regel ausgestattet ist, kann man sowohl sich selbst als auch Tafelbilder oder Übersichten aufnehmen. Eventuell kann es auch notwendig sein, sich ein entsprechendes Tool herunterzuladen. Anschließend werden die Videos den Schülern digital zur Verfügung gestellt.

Eine andere zeitsparendere Möglichkeit wäre es, auf schon vorhandene Lernvideos, die im Internet angeboten werden, zurückzugreifen. Dabei sollte man aber bedenken, dass diese Videos sich in erster Linie nur mit Grammatikthemen befassen.

Im Unterricht konzentriert man sich dann auf die Besprechung der zu Hause erarbeiteten Inhalte. Es werden Fragen beantwortet, unklare Themen diskutiert und anschließend in der Thematik weitergearbeitet. Dies geschieht mit zusätzlichen passenden Übungen.

Das Inverted Classroom Modell rückt die Lernenden ganz klar ins Zentrum und sorgt dafür, dass sich der Lehrende während des Unterrichts eher im Hintergrund bewegen kann. Somit kann sich dieser individueller um die Schüler kümmern. Er nimmt eher die Rolle eines motivierenden Lerncoachs ein.

Benötigte Materialien und technische Voraussetzungen

- Tablet oder Computer mit Internetzugang am häuslichen Arbeitsplatz der Schüler
- auf die Lernvideos zugeschnittene Arbeits- und Übungsblätter

Ablauf und Methode an einem konkreten Beispiel

- Setting: Einführung der nd-Formen (Gerundium / Gerundivum)
- Für die Einführung der nd-Formen eignen sich besonders die Videos von Konstantin Eggert und Ulf Jesper auf der Seite *www.latein-unterrichten.de*. Hier finden sich jeweils ein Video zum Gerundium, ein Video zum prädikativen und eines zum attributiven Gerundivum.

- Alle drei Videos dauern ca. acht Minuten und bieten neben Erklärungen auch Aufgaben zur Selbstkontrolle und Sicherung.
- Die Schüler sollen als Hausaufgabe das erste Video zum Gerundium anschauen und die darin integrierten Aufgaben bearbeiten.
- Zusätzlich bekommen die Schüler ein Arbeitsblatt, auf dem sie die Infos des Videos unter Anleitung verschriftlichen sollen. Darin enthalten sein sollte eine tabellarische Übersicht über die Formen des Gerundiums und entsprechende Übersetzungsübungen für alle Kasus.
- In der darauffolgenden Unterrichtsstunde wird gleich zu Beginn eine Kontrolle der erarbeiteten Inhalte durchgeführt.
- Die weitere Unterrichtszeit wird nun ausschließlich für die Klärung von Fragen und weiteres Üben genutzt. Dabei sollte das Niveau gegenüber dem des Lernvideos erhöht werden.
- In den folgenden Stunden werden entsprechend der oben aufgeführten Methode die weiteren nd-Formen (prädikatives und attributives Gerundiv) über Lernvideos zu Hause erarbeitet und anschließend im Unterricht besprochen, geübt und vertieft.

Mögliche Fallstricke und Tipps

Natürlich können die Lehrpersonen nicht kontrollieren, in welcher Form die Schüler zu Hause die Lernvideos anschauen. Gerade deshalb sollte auf entsprechende passgenaue Arbeitsblätter geachtet und auch die Kontrolle im Unterricht gewissenhaft durchgeführt werden.

Analoge Alternative

Die Schüler können sich die zu erarbeitenden Inhalte auch mithilfe ihrer Lehrbücher erarbeiten. Dabei muss man aber bedenken, dass die Erklärungen eventuell nicht von jedem Schüler verstanden werden und passgenaue Übungen nicht immer zu finden sind. Die schrittweise Erarbeitung des Themas wie bei den Lernvideos fällt in diesem Fall weg.

Materialhinweise und Infoseite

- Video zum Gerundium:
  https://www.latein-unterrichten.de/videos/unterricht/gerundium/ [1]
- Video zum prädikativen Gerundivum:
  https://www.latein-unterrichten.de/videos/unterricht/gerundivum-i/ [2]
- Video zum attributiven Gerundivum:
  https://www.latein-unterrichten.de/videos/unterricht/gerundivum-ii/ [3]
- Webseite mit Lernvideos zum Einsatz für den Lateinunterricht:
  https://eg-schule.de/videos/ [4]
- Allgemeine Informationen zum Inverted Classroom der Universität Würzburg:
  https://www.uni-wuerzburg.de/lehre/profilehre/digitalisierung/inverted-classroom/ [5]

 [1]
 [2]
 [3]
 [4]
 [5]

Glossar

Augmented Reality (AR): bedeutet „erweiterte Realität". Man kann mit entsprechenden Apps oder Computerprogrammen die Realität mit Einblendungen bzw. Überlagerungen erweitern. Zumeist bestehen diese Überlagerungen aus zusätzlichen Informationen, Bildern oder Videos.

Blog: ist ein digitales Logbuch (Tagebuch) im Internet, das chronologisch vorgeht. Die aktuellsten Beiträge stehen immer am Beginn der Seite.

Copy-Paste: ist ein Verfahren, um schnell Dateien von einem Programm in das andere zu kopieren (copy = kopieren, paste = einfügen). Das Verfahren funktioniert auch innerhalb eines Programms.

Creative Commons: sind Lizenzen, die eine gemeinfreie Nutzung von Werken (Bildern, Texten) erlauben. Sie sind mit verschiedenen Buchstabenfolgen verknüpft, die die genaue Nutzung der Werke definieren.

E-Book: ist ein Buch in elektronischer Form. Es kann sowohl auf einem Tablet als auch mit speziellen E-Book-Readern gelesen werden.

Interaktives Whiteboard (IWB): ist eine digitale Tafel, die mit einem Beamer gekoppelt ist. Je nach Software können die Inhalte auf dem Whiteboard oder mit einem Stift bedient werden.

Greenscreen: ermöglicht eine sogenannte Bildfreistellung, d.h., Personen werden nachträglich vor einen Hintergrund gesetzt, der Bilder oder andere Videos enthalten kann.

QR-Code®: ist ein quadratischer Code, der mit einem Lesegerät oder direkt über die Kamerafunktion eines Smartphones bzw. Tablets zu einer verlinkten Seite weiterleiten kann. QR-Codes® können mit entsprechenden Apps bzw. Programmen auch sehr einfach selbst erstellt werden.

Stop-Motion: ist eine Filmtechnik, bei der nur wenig veränderte Bilder von unbewegten Szenen aneinandergereiht werden.

Storyboard: ist die Visualisierung eines Drehbuchs zur Vorbereitung eines Films.

Tools: sind kleine Hilfsprogramme, die Betriebssysteme unterstützen.

Virtual Reality (VR): ist die Darstellung der Realität in einer virtuellen Umgebung. Der Umgang mit der virtuellen Realität wird zumeist durch VR-Brillen unterstützt.